Hackea

La Adolescencia

Como desbloquear el potencial de tus hijos
sin renunciar a tu calma

> "No prepares el camino para el niño,
>
> prepara al niño para el camino."
>
> – Autor desconocido

© 2025 Heiddy Toledo
Todos los derechos reservados.

Ninguna parte de esta publicación puede ser reproducida, almacenada o transmitida en forma alguna ni por ningún medio, ya sea electrónico, mecánico, fotocopia, grabación o cualquier otro, sin el permiso previo y por escrito de la autora.

Este libro está protegido por las leyes internacionales de derechos de autor. La reproducción no autorizada, distribución o uso indebido del contenido constituye una violación de dichas leyes.

Este libro está basado en la experiencia personal y profesional de la autora. La información y las recomendaciones aquí contenidas tienen fines educativos y de acompañamiento, y no sustituyen el consejo profesional individualizado.

Primera edición
Publicado en 2025
ISBN: 979-8-9986589-0-7
Diseño de portada: Heiddy Toledo
Edición: Independiente / Autopublicado

Para más información:
soyheiddy@gmail.com

"Este libro fue creado con propósito, pasión y amor para todas las familias que buscan una nueva forma de acompañar la adolescencia."

DEDICATORIA

A Valentina,
mi primera maestra en el arte de ser madre...

A Francisco,
por mostrarme que cada hijo es una pasantía única...

A mis padres, Magaly y Alfonzo,
por su ejemplo y sus imperfecciones llenas de amor...

A mi tía Mireya,
por ser mi red silenciosa...

A Angela María,
mi amiga, mi hermana elegida...

Y a mi abuela Concepción,
por heredarme su temple...

Este libro es también de ustedes.
Gracias por ser parte de mi historia.

INTRODUCCIÓN

Cuando me convertí en madre por primera vez, no sabía que, más que criar a una hija, estaba a punto de comenzar el viaje más transformador de mi vida.

Años más tarde, la llegada de mi segundo hijo me recordó que la maternidad no es una fórmula, sino un camino lleno de preguntas nuevas, aprendizajes inesperados y desafíos constantes. Cada hijo me mostró un universo distinto, y entendí que ser madre es una experiencia única con cada ser que acompañamos.

Como coach, comunicadora, madre y mujer comprometida con el desarrollo humano, pasé años acompañando a padres, madres y niños en entornos escolares, conversaciones íntimas y espacios de crecimiento. Pero fue la adolescencia de mis propios hijos la que me trajo de vuelta al centro: a escuchar, a cuestionar mis patrones, a crecer con ellos, no desde el control, sino desde la conexión.

Este libro no nació de la teoría. Nació de las preguntas que me hice a mí misma. De las lágrimas, las dudas, los silencios incómodos. Nació de las risas, los logros y las pequeñas batallas ganadas cada vez que elegí acompañar en lugar de imponer.

Hackea la Adolescencia no pretende darte respuestas absolutas. Pretende ser una herramienta honesta, una mirada distinta, una invitación a transformar el rol de madre o padre en esta etapa tan crucial en el que era digital no está reñido con el amor profundo.

Ojalá este libro te acompañe como un mapa imperfecto, pero sincero. Uno que te recuerde que no estás sola ni solo. Uno que te inspire a hackear, pero también a abrazar.

Con cariño, Heiddy

PROPÓSITO DEL LIBRO

Este libro fue creado para ti, que:

- Amas profundamente a tu hijo adolescente pero a veces no sabes cómo acercarte.
- Quieres acompañarlo sin perder tu centro.
- Sientes que estás aprendiendo sobre la marcha.
- Deseas herramientas reales, humanas, sensibles y útiles.

Aquí encontrarás un **compañero de ruta**, no una guía de perfección.

Un libro que honra las dudas tanto como los logros.
Porque **la crianza consciente no se trata de tener todas las respuestas**, sino de **hacerse mejores preguntas**.

Este libro no te juzga, **te acompaña**.
No te da fórmulas mágicas, te ofrece **puentes**.
Y sobre todo, te recuerda esto:

No estás sola. No estás solo.
Cada página es un abrazo, una guía, una conversación pendiente.

🌿 Gracias por estar aquí. Gracias por elegir mirar la adolescencia con nuevos ojos.

¡Empecemos este viaje de transformación juntos!

CAPÍTULOS DEL LIBRO

1. Comprendiendo la Adolescencia
2. Construyendo Puentes de Comunicación
3. Autoestima y Confianza
4. Inteligencia Emocional
5. Límites Saludables y Autonomía
6. Relaciones Sanas
7. Tecnología y Redes Sociales
8. Salud Física y Mental
9. Formación de Hábitos y Valores
10. Preparación para el Futuro
11. Educación Financiera para Adolescentes
12. Conclusión y Epílogo: Sigamos Caminando Juntos

CAPÍTULO 1

Comprendiendo la Adolescencia

"La adolescencia no es un problema que solucionar, sino una etapa que comprender." – Daniel J. Siegel

La adolescencia es un período de grandes cambios y desafíos tanto para los jóvenes como para sus padres. Es una etapa de transición en la que los niños dejan atrás la infancia para acercarse progresivamente a la adultez, explorando su identidad, independencia y nuevas formas de relacionarse con el mundo. Sin embargo, este proceso no siempre es fácil.

Los adolescentes atraviesan transformaciones físicas, emocionales y sociales que pueden generar inseguridad, frustración y conflictos, tanto en ellos mismos como en sus familias.

Para muchos padres, esta etapa puede ser abrumadora. Es común preguntarse:

- ¿Por qué mi hijo ya no quiere pasar tiempo en familia?
- ¿Cómo puedo ayudarlo sin que sienta que lo estoy controlando?
- ¿Qué debo hacer si se muestra desafiante o distante?
- ¿Cómo puedo comunicarme con él cuando parece que no me escucha?

Estas preocupaciones son normales. La adolescencia es un terreno desconocido no solo para los jóvenes que la atraviesan, sino también para los padres que los acompañan. Sin embargo, entender los cambios por los que están pasando permite fortalecer la relación con ellos y brindarles el apoyo que necesitan sin caer en la sobreprotección ni en el distanciamiento.

Un viaje de transformaciones

Durante la adolescencia, el cerebro experimenta un proceso de reestructuración que afecta la forma en que los jóvenes procesan la información, regulan sus emociones y toman decisiones. A esto se suman cambios hormonales que influyen en su estado de ánimo y percepción de sí mismos. Por ello, pueden pasar de la euforia a la tristeza en cuestión de minutos, parecer impulsivos o desafiantes, y cambiar de opinión constantemente sobre sus intereses, amistades o metas.

Además, en esta etapa, la influencia de los amigos y las redes sociales cobra un papel protagónico en la vida de los adolescentes. Muchas veces, los padres pueden sentir que han perdido la conexión con sus hijos, quienes parecen buscar validación y pertenencia fuera del núcleo familiar. Es fundamental comprender que este comportamiento no significa rechazo, sino una necesidad natural de explorar su independencia.

Entre el desafío y la oportunidad

Si bien la adolescencia puede traer conflictos y preocupaciones, también representa una oportunidad invaluable para fortalecer el vínculo entre padres e hijos. En lugar de ver esta etapa como un problema que hay que superar, podemos enfocarnos en acompañar a los adolescentes desde la empatía, el respeto y la comunicación abierta.

Para ello, es importante:

- Comprender los cambios físicos, emocionales y sociales que afectan su comportamiento.

- Aprender estrategias efectivas de comunicación para fortalecer la relación con ellos.
- Fomentar su autoestima y seguridad en medio de los desafíos propios de esta etapa.
- Guiarlos en la toma de decisiones sin imponer, sino enseñándoles a reflexionar.
- Establecer límites saludables que promuevan su independencia con responsabilidad.

¿Qué encontrarás en este capítulo?

A lo largo de estas páginas, exploraremos las claves para entender la adolescencia y brindaremos herramientas que facilitarán una crianza consciente y armoniosa. Compartiremos estrategias prácticas para abordar los desafíos más comunes, anécdotas reales que reflejan situaciones cotidianas y respuestas a preguntas frecuentes que preocupan a muchos padres.

Este capítulo no busca ofrecer soluciones rígidas o fórmulas mágicas, sino invitarte a conocer mejor a tu hijo adolescente, a fortalecer la confianza mutua y a construir juntos una relación basada en el respeto, la comprensión y el amor. Porque, aunque parezca que te alejas de tu hijo en esta etapa, con la guía adecuada puedes estar más cerca de lo que imaginas.

EL TORBELLINO ADOLESCENTE

La adolescencia es una etapa caracterizada por el desarrollo del cerebro, el crecimiento físico acelerado y la consolidación de la identidad personal. Según el psicólogo Erik Erikson, este período es crucial para la formación de la identidad y la independencia.

No obstante, es también una de las etapas más desafiantes tanto para los adolescentes como para sus padres, quienes pueden sentirse desconcertados por los cambios abruptos de comportamiento, las emociones intensas y la constante necesidad de independencia de sus hijos.

Ser padre o madre de un adolescente puede generar sentimientos de inseguridad y frustración. Es común preguntarse:

- ¿Por qué parece que mi hijo ya no me escucha?
- ¿Cómo puedo apoyarlo sin invadir su espacio?
- ¿Qué pasa si toma decisiones equivocadas?

Si estas preguntas resuenan contigo, no estás solo. Criar a un adolescente implica aprender a equilibrar la guía con la autonomía, la disciplina con la comprensión y la protección con la libertad.

Para comprender mejor esta etapa, exploremos los principales cambios que enfrentan los adolescentes y cómo podemos apoyarlos.

"Los adolescentes no son 'rebeldes sin causa', están construyendo su mundo interior."— Carl Rogers

Herramientas prácticas para acompañar la adolescencia

Criar a un adolescente es un reto emocionante y desafiante a la vez. Durante esta etapa, los jóvenes buscan definir su identidad, ganar independencia y gestionar emociones intensas. Como padres, podemos ser una fuente clave de apoyo si aplicamos estrategias efectivas en la comunicación, el refuerzo de su identidad y el manejo emocional.

A continuación, exploraremos herramientas prácticas que ayudarán a fortalecer la relación con nuestros hijos y a guiarlos de manera positiva en su camino hacia la adultez.

1. Comunicación abierta y empática

La comunicación es la base de una relación saludable con los adolescentes. Sin embargo, en esta etapa, los jóvenes pueden volverse más reservados, rechazar el diálogo directo o dar respuestas cortas y evasivas. Esto no significa que no quieran hablar, sino que necesitan sentir confianza y seguridad para expresarse.

¿Cómo fomentar una comunicación efectiva?

a) ¡Escuchar sin juzgar!
Muchos adolescentes evitan hablar con sus padres porque temen ser criticados o recibir respuestas como:

"Eso no es tan grave."
"No deberías sentirte así."
"Yo a tu edad no tenía esos problemas."

Frases como estas invalidan sus emociones y pueden hacer que dejen de confiar en nosotros. En su lugar, intenta responder con:

"Eso parece difícil, ¿quieres contarme más?"
"Entiendo que esto te preocupa, ¿cómo te puedo ayudar?"
"Debe ser complicado, ¿qué piensas hacer al respecto?"

b) Evitar la reacción impulsiva
Si un adolescente comparte algo que nos sorprende o preocupa, la reacción inmediata puede ser gritar o imponer reglas estrictas. Sin embargo, esto suele cerrar la conversación. Antes de responder,

tómate unos segundos para respirar y pensar en una respuesta equilibrada.

c) Fomentar conversaciones diarias

No esperes a que haya un problema para hablar con tu hijo. Crea espacios naturales de conversación, como durante la cena, en el coche mientras lo llevas a algún lugar o en caminatas o actividades compartidas.

d) Hacer preguntas abiertas

Las preguntas cerradas generan respuestas cortas y poco reveladoras:

"¿Cómo estuvo tu día?" → *"Bien."*
"¿Tienes tarea?" → *"Sí."*

En cambio, las preguntas abiertas fomentan la reflexión y el diálogo:

"¿Qué fue lo más interesante que pasó hoy?"
"¿Hubo algo que te hizo sentir orgulloso?"
"Si pudieras cambiar algo de tu día, ¿qué sería?"

2. Apoyo en el desarrollo de su identidad

La adolescencia es una etapa de autoexploración en la que los jóvenes buscan definir quiénes son. En este proceso, los padres pueden desempeñar un papel fundamental sin imponer expectativas ni comparaciones.

¿Cómo fortalecer su identidad de manera positiva?

a) Refuerzo positivo en lugar de crítica constante

Los adolescentes reciben mucha presión externa. Si en casa solo escuchan críticas, su autoestima se verá afectada.

En lugar de:

"Siempre dejas todo para el último momento."

Di:

"Me he dado cuenta de que cuando te organizas, logras cosas increíbles."

b) Fomentar la autonomía

Permitirles tomar decisiones y aprender de sus consecuencias es clave para su desarrollo. Desde elegir su ropa hasta planear sus estudios, necesitan experimentar para aprender.

c) Evitar comparaciones

Compararlos con otros solo genera inseguridad y frustración.

En lugar de:

"Tu hermano siempre sacaba mejores calificaciones."

Di:

"Cada persona tiene su propio ritmo. Lo importante es que sigas aprendiendo y esforzándote."

d) Incentivar la autoexploración

Apoya sus intereses, aunque parezcan pasajeros o distintos a los tuyos. Si un adolescente quiere probar una actividad nueva —como la música, la fotografía o el deporte— dale la oportunidad de explorar sin presionarlo a obtener resultados inmediatos.

3. Gestión de cambios emocionales

Los adolescentes experimentan emociones intensas debido a los cambios hormonales y el desarrollo cerebral. Aunque pueden parecer volátiles, en realidad están aprendiendo a manejar sus sentimientos.

¿Cómo ayudarles a gestionar sus emociones?

a) Practicar la regulación emocional

El mindfulness, la respiración profunda y las técnicas de relajación pueden ser herramientas clave para manejar la ansiedad o el estrés. Practicarlas juntos refuerza su efectividad.

b) Modelar una gestión emocional saludable

Los adolescentes aprenden más de lo que ven que de lo que se les dice. Si los padres responden con gritos o frustración constante, sus hijos imitarán ese patrón. Mostrar calma ante el estrés les enseña que es posible manejar las emociones de forma saludable.

c) Fomentar el diálogo emocional

Preguntas como "¿Cómo te sentiste hoy?" o "¿Hubo algo que te preocupó?" pueden ayudar a que expresen lo que sienten.

d) Brindar herramientas para la resiliencia

En lugar de dramatizar los errores, ayúdales a verlos como oportunidades de aprendizaje:

"¿Qué puedes aprender de esto?"
"¿Cómo podrías manejarlo diferente la próxima vez?"

PREGUNTAS FRECUENTES

¿Cómo manejar los cambios de humor bruscos en mi hijo adolescente?

Responde con paciencia y empatía. Ayuda a identificar qué situaciones desencadenan su mal humor y busca estrategias para que aprenda a gestionarlo.

¿Es normal que mi hijo se aleje de la familia y prefiera estar con amigos?

Sí, es parte del desarrollo de su identidad. Mantén una actitud abierta y propicia espacios de conexión sin forzar la cercanía.

¿Cómo puedo ayudar a mi hijo a manejar la presión social?

Refuérzale la importancia de ser fiel a sus valores y ayúdalo a desarrollar confianza en sí mismo.

¿Qué hacer si mi hijo se muestra desafiante ante las normas del hogar?
Explica claramente las razones detrás de cada norma y permite cierto grado de negociación para que sienta que su opinión es valorada.

RESUMEN CLAVE DEL CAPÍTULO

- La adolescencia implica cambios físicos, emocionales y sociales que pueden generar incertidumbre.
- La comunicación efectiva y la empatía son clave para fortalecer la relación con los hijos.
- Validar sus emociones y permitirles tomar decisiones fomenta un desarrollo sano.
- Comprender su necesidad de independencia evita conflictos innecesarios.
- Estrategias prácticas como el refuerzo positivo, la escucha activa y la regulación emocional son esenciales en esta etapa.

CAPÍTULO 2

Construyendo Puentes de Comunicación

> *"La comunicación efectiva no es hablar mucho, sino ser entendido y conectar." – Virginia Satir*

La adolescencia es una etapa en la que la comunicación entre padres e hijos puede volverse más compleja y, en algunos casos, parecer inexistente. Lo que antes eran conversaciones espontáneas sobre su día en la escuela, ahora pueden convertirse en respuestas cortas como "bien" o "nada". Esta transformación puede ser frustrante y desconcertante para los padres, quienes se preguntan:

- ¿Por qué ya no me cuenta lo que le pasa?
- ¿Cómo puedo acercarme sin que sienta que lo estoy interrogando?
- ¿Cómo establecer una conversación sin que termine en discusión?

Es natural sentir que los adolescentes están construyendo barreras, pero, en realidad, lo que están haciendo es redefinir la forma en que se relacionan con su entorno. En este proceso, la comunicación juega un papel fundamental: es el puente que conecta corazones y mentes, permitiendo construir un vínculo basado en la confianza, el respeto y la empatía.

¿Por qué es tan difícil comunicarse con un adolescente?

Uno de los mayores desafíos de la comunicación en la adolescencia es que los jóvenes están en una fase de autodescubrimiento y autonomía. A menudo, interpretan la intervención de los padres como un intento de control, lo que los lleva a reaccionar con rechazo o indiferencia.

Además, los cambios cerebrales que ocurren en esta etapa afectan la manera en que procesan la información y responden emocionalmente. La maduración de la corteza prefrontal, encargada de la toma de decisiones y el autocontrol, aún no está completa, mientras que la amígdala, que regula las emociones, está altamente activa. Esto puede llevar a respuestas impulsivas, cambios de humor abruptos y dificultad para expresar lo que sienten.

Sin embargo, esto no significa que no quieran hablar. En muchos casos, desean compartir sus pensamientos y emociones, pero no encuentran el momento adecuado o temen ser juzgados. Aquí es donde la comunicación efectiva entra en juego: aprender a escucharlos sin interrumpir, hacer preguntas abiertas y demostrar interés genuino en su mundo puede marcar la diferencia.

Construyendo un puente de comunicación

La clave para mejorar la comunicación con un adolescente no está en hablar más, sino en hablar mejor. No se trata solo de transmitir mensajes, sino de generar un espacio seguro donde puedan expresarse sin miedo a ser criticados o castigados.

¿Qué aprenderás en este capítulo?

Escuchar activamente, sin interrumpir ni minimizar sus sentimientos.

- Hacer preguntas que fomenten el diálogo, en lugar de respuestas cerradas.

- Expresar ideas y preocupaciones sin imponer ni generar rechazo.
- Fortalecer la confianza, para que sepan que pueden acudir a ti en cualquier momento.

Además, exploraremos ejemplos de conversaciones reales entre padres e hijos adolescentes, reflejando tanto los desafíos como las oportunidades que esta etapa presenta.

Si sientes que la comunicación con tu hijo se ha vuelto un desafío, recuerda que no estás solo. Mejorar el diálogo requiere paciencia, empatía y constancia, pero cada pequeño esfuerzo suma. Con las herramientas adecuadas, puedes transformar los silencios en conversaciones significativas y fortalecer el vínculo con tu adolescente, preparándolo para la vida con seguridad y confianza.

LA NEUROCIENCIA DE LA COMUNICACIÓN ADOLESCENTE

La clave para comprender la comunicación con los adolescentes está en la maduración del cerebro. Según estudios en neurociencia, el cerebro humano no alcanza su desarrollo completo hasta los 25 años aproximadamente, y durante la adolescencia experimenta una serie de transformaciones críticas.

Desarrollo de la corteza prefrontal y la amígdala

- La corteza prefrontal, la parte del cerebro responsable del razonamiento lógico, la toma de decisiones y la autorregulación emocional, aún está en desarrollo. Esto significa que los adolescentes tienen más dificultades para planificar, considerar consecuencias a largo plazo y controlar impulsos.

- En contraste, la amígdala, que regula las emociones y las respuestas instintivas, es mucho más activa en la adolescencia. Esto hace que los adolescentes sean más emocionales y reactivos ante estímulos externos, especialmente cuando se sienten cuestionados o presionados.

Ejemplo práctico:
Un padre le dice a su hijo: *"No puedes salir hasta que termines tu tarea."*

- **Corteza prefrontal adulta:** *"Tiene sentido. Si termino la tarea, puedo salir sin preocupaciones."*
- **Cerebro adolescente:** *"¡Es injusto! ¡Mis amigos no tienen que hacer esto!"* (Reacción impulsiva y emocional).

Los adolescentes no actúan de esta manera porque quieran desafiar a sus padres, sino porque su cerebro está programado para priorizar las emociones sobre la lógica.

Impacto en la comunicación

- Cuando un padre intenta razonar con su hijo adolescente usando lógica, pero este responde de manera emocional o impulsiva, se produce un choque de comunicación.
- Para mejorar el diálogo, es clave abordar la conversación desde una perspectiva más empática y menos autoritaria, permitiendo que el adolescente exprese sus emociones antes de intentar resolver el problema.

Barreras comunes en la comunicación

Además de los cambios cerebrales, existen diversas barreras que dificultan la comunicación entre padres e hijos adolescentes.

a) Diferencias en la forma de procesar la información

Mientras que los adultos priorizan la lógica y la resolución de problemas, los adolescentes procesan la información desde la emoción y la inmediatez. Esto explica por qué pueden reaccionar con intensidad ante comentarios que los adultos consideran inofensivos.

b) Percepción de autoridad y juicio

Los adolescentes están en un proceso de autoafirmación y autonomía. Si sienten que la comunicación con sus padres se basa en órdenes, críticas o sermones, su respuesta natural será la resistencia.

"Te lo advertí."
"Siempre haces lo mismo."
"Deberías haberlo sabido."

Estos comentarios pueden hacer que el adolescente sienta que sus emociones y preocupaciones son minimizadas o invalidadas.

Evita imponer tu punto de vista desde una posición de autoridad. En su lugar, **fomenta la conversación con preguntas abiertas**.

c) Uso excesivo de la tecnología y comunicación digital

En la era digital, los adolescentes han reemplazado muchas interacciones cara a cara por conversaciones a través de mensajes, redes sociales y chats. Aunque esto les permite estar en contacto con sus amigos, también reduce su habilidad para expresar emociones y resolver conflictos en persona.

Pueden sentirse incómodos con conversaciones profundas en persona, ya que están más acostumbrados a expresarse mediante pantallas.

- Pueden interpretar los tonos de voz o expresiones faciales de manera errónea, ya que en los mensajes escritos no se transmiten matices emocionales.

No critiques su uso de la tecnología, sino **enséñales la importancia del contacto humano.**

d) Necesidad de autonomía y autoafirmación

La adolescencia es un periodo donde los jóvenes comienzan a definir su identidad. Es natural que quieran diferenciarse de sus padres y tomar sus propias decisiones. Sin embargo, esto puede llevar a que rechacen la comunicación con los adultos cuando sienten que sus opiniones no son respetadas.

En lugar de imponer normas sin explicación, involúcralos en la toma de decisiones. Cuando los adolescentes sienten que tienen voz y participación, es más probable que respeten los acuerdos y se sientan motivados a dialogar.

Herramientas prácticas para mejorar la comunicación con los adolescentes

La comunicación efectiva con los adolescentes puede parecer un desafío, pero con las estrategias adecuadas es posible fortalecer el vínculo y generar espacios de confianza donde se sientan escuchados y comprendidos. Aquí te presentamos **tres pilares fundamentales** para mejorar la comunicación con tu hijo adolescente.

1. Escucha activa y empatía

Muchos padres creen que escuchar es simplemente oír las palabras de su hijo, pero en realidad, escuchar activamente significa **estar presente**, sin distracciones, sin juicios y con total atención.

Claves para una escucha activa:

- **Evita interrumpir:** A menudo queremos corregir, aconsejar o dar soluciones antes de que terminen de hablar. Resiste ese impulso y permítele expresarse completamente antes de responder.

- **Valida sus emociones:** En lugar de minimizar lo que siente con frases como:

"Puedo ver que esto realmente te afecta."

> (Reconoce su estado emocional sin juzgar la intensidad.)

"Para ti esto es importante, y quiero entender por qué."

> (Muestra interés genuino en su perspectiva.)

"No me imaginé que lo vivías así, gracias por contármelo."

> (Valida y agradece la confianza.)

"¿Quieres que solo te escuche o que pensemos juntos una solución?"

> (Le das poder de decisión y autonomía emocional.)

"Entiendo que te duela, aunque no lo vea igual que tú."

> (Reconoces la diferencia de perspectiva con respeto.)

"Eso suena complicado. ¿Qué es lo que más te molesta de todo esto?"

> (Lo ayudas a identificar la raíz de su malestar.)

- **Practica la técnica del reflejo:** Para asegurarte de que realmente comprendes lo que siente, repite con tus propias palabras lo que ha expresado.

Ejemplo de diálogo:

Adolescente: *"Estoy harto de la escuela, siempre es lo mismo."*
Padre: *"Parece que te sientes frustrado porque todo te resulta monótono. ¿Es eso?"*
Adolescente: *"Sí, siento que no aprendo nada útil."*

Beneficio: La escucha activa permite que los adolescentes sientan que sus emociones son legítimas, y los motiva a compartir más con sus padres.

2. Hacer preguntas que fomenten el diálogo

Las preguntas que hacemos pueden abrir la puerta a conversaciones significativas o cerrarlas por completo. Las preguntas cerradas ("¿Te fue bien en la escuela?") suelen generar respuestas de una sola palabra, mientras que las preguntas abiertas estimulan la reflexión y el diálogo.

Cómo mejorar tus preguntas:

- En lugar de preguntar: *"¿Cómo estuvo tu día?"*
  Prueba con:
  "Cuéntame algo interesante que te haya pasado hoy."

  - Si notas que está frustrado, evita:

  "¿Por qué estás de mal humor?"
  Mejor intenta:
  "Parece que tuviste un día difícil, ¿quieres hablar de ello?"

  - Si menciona algo que le apasiona, muestra interés genuino con preguntas como:

"¿Cómo aprendiste sobre eso?"
"¿Por qué te gusta tanto?"

A veces, los adolescentes no están listos para hablar en el momento que tú deseas. No los presiones. En ocasiones, los mejores diálogos ocurren de manera espontánea: en el coche, durante una caminata o mientras comparten una actividad en común.

Cuando los adolescentes sienten que sus padres los escuchan con interés y sin juicios, se abren más fácilmente y buscan su apoyo cuando lo necesitan.

3. Crear espacios seguros para la conversación

La confianza se construye día a día. Si un adolescente siente que será juzgado o castigado por expresar sus emociones, dejará de compartir sus pensamientos con sus padres.

Estrategias para construir un espacio de confianza:

- **Momentos de conexión sin distracciones:** Establece rutinas como las cenas familiares sin dispositivos electrónicos.

- **Accesibilidad y disponibilidad:** Asegúrate de que tu hijo sepa que puede acudir a ti en cualquier momento, sin miedo a críticas o represalias.

- **Respetar su privacidad:** Evita interrogarlo con preguntas como "¿Qué hiciste hoy con tus amigos?", y en su lugar, permite que comparta cuando se sienta cómodo.

Si en algún momento revela algo que no te gusta o que te preocupa, **respira antes de reaccionar**. Una reacción impulsiva puede cerrar la comunicación y hacer que se retraiga en el futuro.

Un hogar donde los adolescentes se sienten seguros y libres de hablar sin miedo al juicio se convierte en un verdadero refugio para ellos.

La comunicación es un puente, no un muro

Mejorar la comunicación con tu hijo adolescente no es un objetivo inalcanzable. Con escucha activa, preguntas adecuadas y un espacio seguro, puedes fortalecer la relación y ayudarlo a enfrentar los desafíos de la adolescencia con confianza y seguridad.

Recuerda: **lo más importante no es encontrar las palabras perfectas, sino estar presente y dispuesto a escuchar.**

TU HIJO NO NECESITA QUE LE DES TODAS LAS RESPUESTAS, SOLO NECESITA SABER QUE ESTÁS AHÍ PARA ÉL.

PREGUNTAS FRECUENTES

¿Qué hago si mi hijo solo me responde con monosílabos?
No lo tomes como algo personal. Sé paciente y propicia conversaciones naturales en momentos relajados.

¿Cómo evito que mi hijo mienta cuando le pregunto algo?
Crea un ambiente en el que se sienta seguro para decir la verdad, sin miedo a represalias inmediatas.

¿Qué hago si siempre estamos discutiendo?
Evalúa tu tono de comunicación. Usa frases en primera persona como "me preocupa que…" en lugar de acusaciones.

RESUMEN CLAVE DEL CAPÍTULO

- La comunicación en la adolescencia debe basarse en la escucha activa y la empatía.
- Las preguntas abiertas y el interés genuino fomentan un diálogo sincero.
- Respetar su espacio y privacidad fortalece la confianza.
- La paciencia y la consistencia son clave para una relación armoniosa.

"No se trata de tener razón, sino de construir una relación de confianza."

CAPÍTULO 3

Construyendo Autoestima y Confianza en los Adolescentes

"La forma en la que hablamos a nuestros hijos, se convierte en su voz interior" – **Peggy O'Mara**

La adolescencia es un periodo de exploración y construcción de la identidad. Es el momento en que los jóvenes comienzan a definir quiénes son, qué les gusta, cuáles son sus talentos y cómo encajan en el mundo que los rodea. Sin embargo, también es una etapa de vulnerabilidad, donde las comparaciones, la presión social y las expectativas externas pueden erosionar la confianza en sí mismos y generar dudas sobre su propio valor.

En esta época de cambios físicos, emocionales y sociales, la autoestima puede fluctuar drásticamente. Un día pueden sentirse capaces de conquistar el mundo, y al siguiente, una crítica en redes sociales, una calificación baja o una discusión con un amigo puede hacerlos dudar de sí mismos. Como padres, no podemos evitar que enfrenten estos desafíos, pero sí podemos equiparlos con la seguridad emocional y las herramientas necesarias para enfrentarlos con resiliencia.

¿Por qué es crucial la autoestima en la adolescencia?

La autoestima no es un simple concepto motivacional; es el cimiento sobre el cual los adolescentes construirán su identidad, sus relaciones y su futuro. Un joven con una autoestima saludable:

Se siente seguro para expresar sus opiniones y emociones sin miedo al rechazo.

- Afronta los fracasos como oportunidades de aprendizaje, en lugar de verlos como una señal de insuficiencia.
- Se rodea de relaciones positivas que refuerzan su bienestar, en lugar de depender de la validación externa.
- Se atreve a explorar nuevas experiencias, talentos e intereses sin temor al juicio.

Por otro lado, una autoestima baja puede llevar a:

- Autocrítica excesiva, donde cada error se percibe como una confirmación de su falta de valía.
- Evitación de desafíos, por miedo al fracaso o a la desaprobación de los demás.
- Dependencia de la aprobación externa, lo que puede hacerlos vulnerables a relaciones tóxicas o a la presión social.
- Conductas autodestructivas, como el aislamiento, la procrastinación extrema o comportamientos de riesgo.

El impacto de los padres en la autoestima de sus hijos

Los adolescentes reciben mensajes constantes sobre lo que "deberían ser" a través de redes sociales, la escuela, los medios de comunicación y sus pares. En medio de esta avalancha de expectativas, la voz de los padres sigue siendo una de las más influyentes.

Cada comentario, gesto e interacción en el hogar contribuye a la construcción de su autoconcepto. Cuando les transmitimos confianza y les demostramos que los valoramos por quienes son —y no solo por lo que logran— estamos sembrando las semillas de una autoestima sólida.

Sin embargo, muchas veces, sin darnos cuenta, podemos enviar mensajes que refuerzan la inseguridad en lugar de la confianza:

- Críticas constantes: *"¿Por qué no eres más como tu hermano?"*, *"Nunca terminas lo que empiezas."*
- Expectativas inalcanzables: *"Tienes que ser el mejor en todo."*
- Comparaciones destructivas: *"Mira a tu prima, ella sí sabe cómo comportarse."*

La clave no está en sobreprotegerlos ni en inflar su ego con halagos vacíos, sino en enseñarles a desarrollar una **confianza realista**, basada en la autoaceptación y el esfuerzo.

¿Qué encontrarás en este capítulo?

En las siguientes secciones, exploraremos estrategias prácticas para:

- Fomentar una autoestima positiva desde la infancia hasta la adolescencia.
- Ayudarlos a superar la autocrítica y los pensamientos negativos.
- Desarrollar resiliencia y capacidad para afrontar fracasos sin perder la confianza en sí mismos.
- Enseñarles a valorar el esfuerzo más que el resultado.
- Identificar y contrarrestar la influencia negativa de las redes y la presión sociales.

No podemos decidir el futuro de nuestros hijos, pero sí podemos brindarles la fortaleza interna para enfrentarlo con confianza.

¡Comencemos!

¿CÓMO SE FORMA LA AUTOESTIMA?

La autoestima es uno de los pilares fundamentales en el desarrollo de los adolescentes, pues influye directamente en su bienestar emocional, en la toma de decisiones y en la construcción de su identidad. A diferencia de lo que algunos pueden pensar, la autoestima no es un rasgo innato, sino un proceso dinámico que se moldea a lo largo de la vida a través de experiencias, relaciones e interacciones con su entorno.

Según el psicólogo humanista Carl Rogers, la autoestima está directamente relacionada con la autopercepción y la aceptación incondicional por parte de los demás. Es decir, los adolescentes construyen su autoimagen no solo a partir de lo que piensan de sí mismos, sino también de la manera en que creen que los demás los valoran.

Durante la adolescencia, esta percepción está en constante transformación debido a los cambios físicos, emocionales y sociales que atraviesan. Es una etapa en la que se enfrentan a nuevas responsabilidades, a la necesidad de pertenecer y a la búsqueda de una identidad auténtica. En ese proceso, los mensajes que reciben —especialmente de las personas más cercanas— pueden reforzar o debilitar su sentido de valor personal.

Factores que impactan la autoestima

La autoestima en los adolescentes no se forma en el vacío. Está profundamente influenciada por diversos factores. Comprenderlos nos permite, como padres, crear un entorno más propicio para el crecimiento emocional y la confianza interior de nuestros hijos.

1. Relaciones familiares: el primer pilar de la autoestima

El hogar es el primer lugar donde los adolescentes aprenden a valorarse a sí mismos. Un entorno familiar basado en el respeto, la comunicación abierta y el amor incondicional es clave para fortalecer su autoestima.

Cuando sienten que sus emociones son validadas, que sus logros —grandes o pequeños— son reconocidos, y que pueden equivocarse sin miedo a ser humillados o castigados, construyen un autoconcepto sano y resiliente.

Un adolescente que se siente respaldado en casa tiene más probabilidades de desarrollar confianza en sí mismo y en sus decisiones, incluso en ambientes sociales más exigentes.

2. Influencia de los pares: entre el apoyo y la presión social

Durante la adolescencia, el grupo de amigos se convierte en un espejo. Las amistades positivas, basadas en el respeto mutuo y la aceptación, pueden fortalecer la autoestima y ayudarles a descubrir aspectos valiosos de sí mismos.

Pero también es común que busquen encajar a toda costa, adaptando su forma de hablar, vestir o actuar solo para ser aceptados. Esto puede llevarlos a dudar de su autenticidad y valor personal.

Como padres, podemos ayudarles a identificar relaciones saludables, a establecer límites y a entender que no necesitan perder su esencia para pertenecer.

3. Redes sociales y comparación digital: la autoestima en la era de la imagen

Las redes sociales han creado un espacio de exposición constante, donde la comparación es inevitable. Los adolescentes, aún en formación emocional, pueden interpretar los likes, los filtros y las vidas aparentemente "perfectas" de los demás como una medida de su propio valor.

Ver a otros "triunfar" en línea, mientras ellos lidian con inseguridades reales, puede generar ansiedad, frustración y una sensación de no ser suficientes.

Es importante ayudarlos a desarrollar una mirada crítica sobre el contenido que consumen, recordarles que lo que ven no es toda la historia y reforzar que su valor no depende de la imagen que proyecten ni de la aprobación de los demás.

4. Éxitos y fracasos: construyendo una mentalidad de crecimiento

Cómo interpretan sus logros y errores influye profundamente en su autoestima. Algunos adolescentes tienden a creer que fallar en algo es una señal de que "no sirven" o "no son buenos en nada". Esta visión rígida del fracaso puede paralizarlos, alejarlos de nuevas experiencias y alimentar la autocrítica.

En cambio, si aprenden a ver cada error como una parte natural del proceso de crecimiento, su confianza se vuelve más estable y resiliente.

Los adolescentes que perciben los desafíos como oportunidades para mejorar construyen una autoestima sólida, que no se derrumba ante las caídas, sino que se fortalece con cada intento.

La autoestima como proceso

La autoestima en la adolescencia no es un destino, sino un camino en constante evolución. Cada experiencia, cada palabra que reciben, cada logro alcanzado y cada tropiezo superado contribuye a su autoimagen.

Como padres, no necesitamos tener todas las respuestas, pero sí podemos ser su ancla emocional. Podemos estar presentes, escucharlos con atención, validar sus emociones y recordarles —una y otra vez— que son valiosos tal y como son, más allá de lo que hagan o de cómo los vean los demás.

Herramientas prácticas para fortalecer la autoestima en los adolescentes

La adolescencia es una etapa en la que los jóvenes enfrentan dudas sobre su identidad, su valor y su lugar en el mundo. Como padres, podemos convertirnos en su red de apoyo y ayudarlos a desarrollar una autoestima sólida que les permita enfrentar los desafíos con confianza y seguridad.

A continuación, exploraremos estrategias clave para fortalecer su amor propio y resiliencia emocional desde el entorno familiar.

1. Crear un diálogo positivo sobre sí mismos

El lenguaje que usamos al hablar con nuestros hijos tiene un impacto directo en la forma en que ellos se perciben. Las palabras tienen poder: pueden convertirse en semillas de confianza o en raíces de inseguridad.

Claves para cultivar un diálogo interno sano:

- **Evitar etiquetas negativas y críticas generalizadas**

- En lugar de: *"Eres torpe."*
  Intenta con: *"Todos cometemos errores; lo importante es aprender de ellos."*

- Sustituye *"Siempre te equivocas"* por: *"Estás en proceso de aprender, y eso toma tiempo."*

- Evita comparaciones como: *"¿Por qué no eres como tu hermana?"*
  Mejor: *"Cada quien tiene su propio ritmo y forma de brillar."*

- **Fomentar la autocompasión**

  Enseñarles a hablarse con amabilidad es tan importante como el refuerzo externo.

  Algunas frases que puedes enseñar o modelar:

  - *"Estoy haciendo lo mejor que puedo, y eso es suficiente."*

  - *"No todo me tiene que salir bien a la primera; lo importante es seguir intentándolo."*

- **Resaltar logros y fortalezas**

  - Propón que lleve un **diario de logros** con tres cosas positivas que haya logrado cada día, por pequeñas que sean.

  - Crea un **frasco de autoestima**: cada vez que consiga algo importante o supere un reto, escriban juntos un mensaje positivo y guárdenlo. En días difíciles, puede leerlos para reconectarse con su valor.

  - Celebra sus talentos con sinceridad: *"Me gusta cómo te entregas cuando algo te apasiona. Eso habla mucho de ti."*

Un diálogo interno positivo es la base para desarrollar resiliencia emocional y enfrentar los desafíos sin perder la confianza.

2. Enfrentar el miedo al fracaso

El miedo a equivocarse es una de las barreras más frecuentes que enfrentan los adolescentes. Este temor puede paralizarlos, hacer que eviten nuevos retos o que se juzguen con demasiada dureza.

Estrategias para transformar el error en aprendizaje:

- **Normalizar el fracaso como parte del proceso**
  Compartir ejemplos reales ayuda a desmitificar la perfección.
    - Walt Disney fue despedido de un periódico por "falta de imaginación."
    - Michael Jordan no fue aceptado en su equipo de baloncesto escolar.
    - Oprah Winfrey fue despedida de su primer trabajo en televisión.

Frases útiles:
  - *"Si nunca fallas, es porque nunca estás intentando algo nuevo."*
  - *"El error no es el final. Es parte del camino."*

- **Promover una mentalidad de crecimiento**
    - Sustituye pensamientos como: *"No soy bueno en esto"* por: *"Todavía estoy aprendiendo."*
    - Ayúdalo a ver sus avances en actividades que al principio le costaban.

- **Celebrar el esfuerzo por encima del resultado**
  - En vez de enfocarte solo en la calificación, reconoce su compromiso: "Noté que estudiaste con constancia. Eso es lo que importa."
  - Introduce el concepto de **pequeñas victorias**: cada paso hacia adelante, por mínimo que parezca, cuenta.

Cuando los adolescentes entienden que el fracaso no define quiénes son, se atreven a tomar riesgos, explorar nuevas metas y confiar en su capacidad para recuperarse.

3. Manejar la influencia social y digital

Las redes y el entorno sociales son una gran fuente de comparación, presión y validación externa. En esta etapa, muchos adolescentes buscan en el exterior la aprobación que aún no han aprendido a darse a sí mismos.

Cómo ayudarlos a proteger su autoestima en este contexto:

- **Desmitificar las redes sociales**
  - Habla con ellos sobre cómo muchas publicaciones muestran solo lo mejor de la vida de los demás. Preguntas que abren el diálogo:
    - *"¿Crees que esa imagen refleja toda la realidad?"*
    - *"¿Cómo te sentiste después de pasar un rato en redes hoy?"*

- o Muestra casos de figuras públicas que han hablado abiertamente sobre las diferencias entre su vida real y la imagen que proyectan.
- **Fomentar relaciones sanas**
  - o Ayúdalo a identificar amistades nutritivas con preguntas como:
    - *"¿Te sientes tú mismo con esa persona?"*
    - *"¿Te hace sentir bien después de estar juntos?"*
  - o Refuerza la idea de que no debe cambiar para ser aceptado, sino ser valorado por quien es.
- **Impulsar su individualidad**
  - o Invítalo a descubrir y desarrollar sus pasiones, sin importar si son populares o no.
  - o Pueden crear juntos un **tablero de inspiración** con frases, imágenes o recuerdos que le recuerden sus fortalezas y metas personales.
  - o Recuérdale con frecuencia: "Tu valor no depende de las opiniones de otros, sino de lo que tú sabes de ti mismo."

La autoestima sólida no se construye eliminando la influencia externa, sino enseñándoles a filtrar esa información con una mirada crítica, desde la seguridad interior.

PREGUNTAS FRECUENTES

¿Cómo ayudo a mi hijo si constantemente se siente inferior a los demás?

Refuerza sus cualidades con ejemplos concretos y ayúdalo a enfocarse en su propio progreso, en lugar de compararse con otros. Valora su esfuerzo y enséñale que cada persona tiene su propio camino y ritmo.

¿Qué hacer si mi hijo tiene miedo a equivocarse?
Evita castigar o criticar el error. En cambio, valida su intento, destaca lo que aprendió y comparte ejemplos de personas que también fallaron antes de alcanzar sus metas. Muéstrale que fallar no lo define, pero su forma de levantarse sí lo fortalece.

¿Cómo puedo fomentar la resiliencia en mi hijo?
Ayúdalo a ver los desafíos como oportunidades para crecer. Refuerza su capacidad de resolver problemas, celebra sus pequeños logros y acompáñalo sin resolverle todo. La resiliencia se fortalece en la práctica, no en la protección total.

¿Cómo evitar que las redes sociales afecten su autoestima?
Habla abiertamente sobre cómo funcionan las redes, el uso de filtros y la edición de contenido. Promueve que siga cuentas que lo inspiren en lugar de desmotivarlo, y refuerza que su valor no depende de un número de seguidores ni de la aprobación digital.

RESUMEN CLAVE DEL CAPÍTULO

- La autoestima se construye a través de la aceptación, el refuerzo positivo y el desarrollo de una autoimagen realista.

- Fomentar la autocompasión y una mentalidad de crecimiento ayuda a los adolescentes a confiar en sí mismos.

- La comparación social y la validación digital pueden afectar su percepción personal; es clave enseñarles a valorarse desde adentro.

- Celebrar el esfuerzo más que el resultado fortalece una autoestima resiliente y duradera.
- Como padres, podemos ser su espejo más poderoso: uno que refleje aceptación, confianza y amor incondicional.

"Tu hijo no necesita ser perfecto para ser valioso. Necesita saber que es suficiente tal y como es."

CAPÍTULO 4

Inteligencia Emocional en los Adolescentes

"La inteligencia emocional no es la oposición a la inteligencia, sino la intersección de ambas."— **Daniel Goleman**

La adolescencia es un periodo en el que las emociones se viven como una montaña rusa: intensas, impredecibles y, a menudo, abrumadoras. En esta etapa, los jóvenes experimentan cambios hormonales, exigencias académicas, presión social y una profunda búsqueda de identidad. Todo ello puede generar ansiedad, frustración y conflictos tanto internos como externos.

Como padres, no es raro que nos enfrentemos a preguntas como:

- ¿Por qué mi hijo reacciona con tanta intensidad ante situaciones que parecen pequeñas?
- ¿Cómo puedo ayudarlo a manejar la ansiedad sin invalidar lo que siente?
- ¿Qué estrategias puedo enseñarle para que desarrolle resiliencia emocional y no se rinda ante las dificultades?

Aquí es donde entra en juego la inteligencia emocional. Este concepto, desarrollado por Peter Salovey y John Mayer, y popularizado por Daniel Goleman, hace referencia a la capacidad de reconocer, comprender y gestionar nuestras emociones, así como a percibir y responder de manera empática a las emociones de los demás.

Cultivar la inteligencia emocional en nuestros hijos adolescentes es fundamental para su bienestar presente y para su vida futura. Esta habilidad les permitirá tomar decisiones acertadas, manejar el estrés, establecer vínculos sanos y enfrentar los desafíos con equilibrio.

¿Por qué es tan importante la inteligencia emocional en la adolescencia?

Durante la adolescencia, el cerebro sigue en pleno desarrollo, especialmente en las áreas relacionadas con el control emocional, la planificación y la toma de decisiones. En este contexto, la inteligencia emocional se convierte en una brújula que orienta su comportamiento y sus relaciones.

Cuando un adolescente desarrolla esta habilidad, puede:

- Reconocer y comprender sus emociones sin sentirse desbordado.
- Regular sus impulsos, evitando respuestas extremas ante situaciones difíciles.
- Ponerse en el lugar del otro y responder con empatía.
- Tomar decisiones más reflexivas, sin dejarse llevar únicamente por la presión del entorno.
- Afrontar contratiempos con una actitud constructiva y resiliente.

Por el contrario, la falta de habilidades emocionales puede llevar a reacciones impulsivas, conflictos constantes, dificultades académicas, aislamiento o incluso problemas de salud mental.

Los retos emocionales de los adolescentes

Muchos adolescentes tienen dificultades para expresar lo que sienten, ya sea porque no han aprendido a identificar sus emociones, porque no se sienten comprendidos, o porque temen ser juzgados. Esto puede manifestarse de muchas formas:

- Explosiones de ira desproporcionadas.
- Episodios de tristeza o ansiedad sin una causa evidente.
- Decisiones impulsivas que afectan su rendimiento o sus relaciones.
- Aislamiento emocional, cerrándose al diálogo con la familia o los amigos.

La buena noticia es que la inteligencia emocional no es un don con el que se nace: es una habilidad que se aprende. Y como padres, podemos ser sus principales entrenadores emocionales, ayudándolos a construir herramientas para reconocer, nombrar, canalizar y transformar sus emociones.

¿Qué aprenderás en este capítulo?

A lo largo de las próximas secciones, encontrarás:

- Claves para fomentar la inteligencia emocional en tu hijo adolescente.
- Estrategias prácticas para ayudarle a manejar el estrés, la ansiedad y los conflictos.
- Técnicas sencillas para mejorar la comunicación emocional y fortalecer el vínculo familiar.

- Ejemplos de situaciones cotidianas donde podrás aplicar estos recursos para cultivar en tu hijo una mayor resiliencia emocional.

Este viaje no solo impactará positivamente en tu hijo. También fortalecerá el vínculo entre ustedes, brindándole un espacio seguro donde pueda expresarse sin temor al juicio ni a la incomprensión.

Educar emocionalmente no significa evitar las dificultades, sino enseñarles a enfrentarlas con confianza y equilibrio.

¿QUÉ ES LA INTELIGENCIA EMOCIONAL?

La adolescencia es una etapa marcada por profundos cambios emocionales, físicos y sociales. Los jóvenes se enfrentan a situaciones nuevas que desafían su capacidad para comprender lo que sienten, regular sus reacciones, tomar decisiones y vincularse de forma saludable con los demás.

En este contexto, la inteligencia emocional (IE) se convierte en una herramienta fundamental. Lejos de ser un concepto teórico o inalcanzable, la IE es una habilidad práctica y transformadora que puede desarrollarse en casa, a través de la orientación diaria y el ejemplo.

El concepto fue originalmente introducido por los psicólogos Peter Salovey y John Mayer, y más adelante difundido por Daniel Goleman, quien definió cinco componentes esenciales de la inteligencia emocional:

1. **Autoconciencia**
2. **Autorregulación**
3. **Motivación**
4. **Empatía**

5. **Habilidades sociales**

Estas cinco competencias permiten a los adolescentes comprender sus emociones, gestionar sus impulsos, construir relaciones sanas y responder de forma adaptativa ante los desafíos.

¿Por qué es importante la inteligencia emocional en los adolescentes?

Diversas investigaciones han demostrado que la inteligencia emocional puede ser incluso más determinante que el coeficiente intelectual (IQ) para el éxito en la vida, tanto a nivel personal como académico y social.

Un adolescente con una IE desarrollada suele:

- Tener una autoestima más sólida.
- Manejar mejor el estrés y la frustración.
- Ser más resiliente ante el fracaso o la crítica.
- Relacionarse de forma empática y saludable.
- Tomar decisiones más reflexivas y responsables.

Por el contrario, la falta de habilidades emocionales puede derivar en conductas impulsivas, conflictos frecuentes, baja tolerancia a la frustración, aislamiento o dificultad para mantener vínculos saludables.

A continuación, abordaremos una por una las cinco áreas clave de la inteligencia emocional, con estrategias prácticas para que puedas acompañar el desarrollo emocional de tu hijo desde casa.

1. Autoconciencia: reconocer y comprender las propias emociones

La autoconciencia es el punto de partida de toda inteligencia emocional. Significa ser capaz de identificar lo que uno siente, entender de dónde proviene esa emoción y cómo influye en nuestros pensamientos y comportamientos.

Características de un adolescente con buena autoconciencia:

- Puede decir cómo se siente y por qué.
- Entiende el impacto de sus emociones en su conducta.
- Reconoce sus fortalezas y áreas de mejora sin caer en la autocrítica destructiva.
- Acepta que sentir emociones negativas es parte natural de la vida.

Estrategias para los padres:

- **Ponles nombre a las emociones**
  En momentos de tensión o conflicto, pregunta con calma:
  - *"¿Qué estás sintiendo ahora?"*
  - *"¿Puedes describirme lo que te pasa por dentro?"*

- **Diario emocional**
  Anímalo a escribir sobre sus emociones, los momentos que las provocaron y cómo reaccionó. Esto le permite reconocer patrones y ganar claridad.

- **Modela la autoconciencia**
  No temas expresar tus propias emociones. Por ejemplo:
  - *"Hoy me sentí frustrada porque tuve un día complicado en el trabajo, pero luego me ayudó hablar con alguien de confianza."*

> o *"Estoy triste, pero sé que es algo pasajero y que puedo manejarlo."*

Un adolescente que reconoce sus emociones tiene más herramientas para elegir cómo actuar en lugar de reaccionar impulsivamente.

2. Autorregulación: gestionar las emociones de forma constructiva

La adolescencia se caracteriza por altibajos emocionales. Sin habilidades de autorregulación, los jóvenes pueden dejarse llevar por el enojo, la ansiedad o la frustración, y actuar sin pensar en las consecuencias.

Claves de la autorregulación emocional:

- Controlar impulsos sin reprimir lo que sienten.
- Canalizar emociones intensas de manera saludable.
- Adaptarse con flexibilidad a los cambios.
- Evitar actuar desde el enojo o la desesperación.

Estrategias para los padres:

- **Técnicas de respiración y pausa**
  Enséñale a usar la respiración profunda o el conteo hasta diez antes de responder cuando esté molesto o alterado.

- **Canalizar las emociones**
  Actividades como el deporte, el dibujo, escribir o escuchar música pueden ser vías eficaces para liberar tensión.

- **Reencuadre de pensamiento**
  Ayúdalo a transformar pensamientos negativos en afirmaciones constructivas:

- *"No soy bueno en esto"* → *"Estoy aprendiendo, y con práctica puedo mejorar."*
- *"Todo me sale mal"* → *"Esto no salió como esperaba, pero puedo intentarlo de otra manera."*

- **Sé ejemplo de regulación emocional**
  Si tú pierdes el control constantemente, es probable que él también lo haga. En cambio, si muestras calma y te tomas tiempo para procesar lo que sientes, aprenderá que también puede hacerlo.

La autorregulación no es reprimir emociones, sino aprender a procesarlas de forma consciente y segura.

3. Motivación: mantenerse enfocado a pesar de las dificultades

La motivación interna es esa fuerza silenciosa que impulsa a los adolescentes a seguir adelante incluso cuando el camino se vuelve difícil. No se trata solo de cumplir metas, sino de cultivar la determinación, el propósito y la capacidad de esforzarse sin depender únicamente de premios o reconocimientos externos.

Características de un adolescente motivado:

- No se rinde fácilmente ante el primer obstáculo.
- Puede mantener el enfoque en sus metas, incluso cuando el resultado tarda en llegar.
- Busca superarse por deseo propio, no solo por agradar a los demás.
- Valora el proceso de aprendizaje, no solo el resultado.

Estrategias para los padres:

- **Establece metas pequeñas y alcanzables**
  Ayúdale a dividir un objetivo grande (por ejemplo, mejorar en matemáticas) en pasos más manejables: estudiar 20 minutos diarios, practicar con ejercicios, pedir ayuda cuando lo necesite.

- **Valora el esfuerzo más que el resultado**
  Cambia frases como:
    - *"¡Qué buena nota!"*
    Por:
    - *"Noté cuánto te esforzaste en prepararte, eso es lo que más me enorgullece."*

- **Fomenta la mentalidad de crecimiento**
  Recuérdale que el talento se desarrolla con práctica. En lugar de decir *"Eres buenísimo en esto"*, puedes decir *"Has mejorado mucho porque no te rendiste"*.

- **Reconoce los avances, por pequeños que sean**
  A veces no lo lograrán todo de inmediato, pero cada intento merece ser reconocido.

La motivación genuina se cultiva cuando los adolescentes descubren que pueden confiar en su propio proceso, y que su valor no depende del resultado final, sino de su constancia y esfuerzo.

4. Empatía: comprender cómo se sienten los demás

La empatía es una de las habilidades más importantes de la inteligencia emocional. Implica salir del propio punto de vista para intentar entender cómo se siente el otro. Esta capacidad es clave para evitar conflictos, fortalecer vínculos y desarrollar una sensibilidad social que los acompañe toda la vida.

Beneficios de desarrollar empatía en la adolescencia:

- Mejora la calidad de las relaciones interpersonales.
- Disminuye conductas agresivas o insensibles.
- Fomenta el respeto por las diferencias.
- Ayuda a resolver conflictos con una actitud más comprensiva.

Estrategias para los padres:

- **Haz preguntas que despierten reflexión**
    - *"¿Cómo crees que se sintió tu amiga cuando eso pasó?"*
    - *"¿Qué hubieras necesitado tú si estuvieras en su lugar?"*
- **Comparte lecturas o películas que muestren perspectivas diferentes**
  Las historias son una gran vía para ponerse en los zapatos del otro.
- **Modela la empatía en casa**
  Valida sus emociones, incluso cuando no las comprendas del todo:
    - *"No sé exactamente cómo se siente eso, pero veo que es importante para ti."*
- **Ayúdalo a practicar la escucha activa**
  Sin interrumpir, sin juzgar. Solo escuchando. A veces, eso es todo lo que el otro necesita.

La empatía se aprende a través del ejemplo. Cuando tu hijo se siente escuchado y comprendido, es más probable que él también escuche y comprenda a los demás.

5. Habilidades sociales: comunicarse y relacionarse de forma saludable

Saber expresar lo que uno piensa, decir lo que necesita, resolver diferencias sin herir al otro y construir relaciones sanas es una parte esencial de la inteligencia emocional. Las habilidades sociales se practican en casa, todos los días.

Elementos clave:

- Comunicación clara, sin agresividad ni evasión.
- Capacidad para decir "no" con respeto.
- Resolución pacífica de conflictos.
- Colaboración, trabajo en equipo y empatía en acción.

Estrategias para los padres:

- **Modela una comunicación asertiva**
  Usa frases como:
  - *"Me siento incómoda cuando se grita. Prefiero que hablemos con calma."*
    Esto enseña a expresar necesidades sin dañar al otro.

- **Crea oportunidades de interacción**
  Anímalo a participar en grupos, deportes, actividades sociales, donde pueda desarrollar y practicar estas habilidades en contextos reales.

- **Enséñale a manejar el conflicto**
  No siempre va a estar de acuerdo con los demás. Ayúdalo a expresar su opinión sin imponerla, y a escuchar posturas distintas sin reaccionar con hostilidad.

Las habilidades sociales no se enseñan con sermones, se transmiten a través del ejemplo y la práctica diaria.

Estrategias prácticas para el desarrollo de la inteligencia emocional

La inteligencia emocional no se enseña con discursos teóricos ni se impone con normas. Se cultiva con paciencia, acompañamiento y ejemplo. En esta sección, te compartiré tres pilares esenciales para fortalecerla en tu hijo adolescente, con ejercicios simples pero poderosos que puedes aplicar desde casa.

1. Fomentar la autoconciencia

Ayudar a tu hijo a identificar lo que siente, entender de dónde vienen sus emociones y cómo afectan sus decisiones es el primer paso para que pueda gestionarlas con madurez.

¿Cómo lograrlo?

- **Diario emocional**
  Proponle que, al final del día, escriba tres cosas:
    - Una emoción que sintió con fuerza.
    - La situación que la provocó.
    - Cómo reaccionó ante ella.
      Esto lo ayudará a detectar patrones y desarrollar lenguaje emocional.

- **Conversaciones reflexivas**
  Acompaña con preguntas como:
    - *"¿Qué fue lo que más te impactó hoy?"*
    - *"¿Qué momento del día te hizo sentir incómodo o frustrado?"*

- *"¿Qué aprendiste sobre ti hoy?"*

- **Normalizar todas las emociones**
Enséñale que sentirse mal no significa estar roto.

    - La tristeza puede ser una invitación al autocuidado.
    - La ira, una señal de que hay algo que necesita ser atendido.
    - La alegría, una brújula hacia lo que le hace bien.

Cuando los adolescentes pueden nombrar lo que sienten, dejan de ser esclavos de sus emociones.

2. Enseñar autorregulación sin reprimir

Sentir es inevitable. Lo que sí se puede elegir es cómo reaccionar. Enseñar autorregulación no es evitar que sientan, sino ayudarles a responder con inteligencia emocional.

¿Cómo acompañarlo?

- **Técnicas de respiración consciente**
Enséñale la técnica del 4-7-8:

    - Inhala durante 4 segundos.
    - Retén el aire por 7 segundos.
    - Exhala en 8 segundos.
    Repite 3 veces. Esto regula el sistema nervioso y ayuda a calmarse antes de reaccionar.

- **Espacios para pausar**
  Proponle que, antes de responder en una situación tensa, tome un "tiempo fuera":
    - Caminar unos minutos.
    - Tomar agua.
    - Escribir lo que siente antes de decirlo.
- **Modelar con tu propio ejemplo**
  Cuando sientas enojo o frustración, verbalízalo con honestidad y responsabilidad:
    - *"Estoy molesta, pero prefiero respirar un poco antes de hablar."*
      Eso les muestra que no necesitan responder en automático, sino que pueden elegir cómo actuar.

No se trata de reprimir lo que sienten, sino de aprender a expresarlo sin herir ni herirse.

3. Cultivar la empatía y las habilidades sociales

Entender al otro no significa estar siempre de acuerdo, pero sí estar dispuesto a mirar desde otra perspectiva. Y eso se aprende en casa.

¿Cómo sembrarla?

- **Escucha activa en casa**
  Practiquen turnos para hablar y escuchar sin interrumpir. Puedes decirle:
    - *"Durante estos 2 minutos, solo te escucharé. Después, tú me escuchas a mí."*
      Esta dinámica fortalece la atención, la validación mutua y el respeto.

- **Ponerse en el lugar del otro**
  Propón ejercicios como:
    - *"Si fueras tu amigo, ¿cómo te sentirías con lo que pasó?"*
    - *"¿Qué crees que necesitaba esa persona en ese momento?"*
- **Actos de gratitud y conexión**
  La empatía también se construye desde la gratitud. Algunos hábitos:
    - Escribir una carta o mensaje a alguien que haya sido amable con él.
    - Agradecer en voz alta algo que recibió ese día.
    - Nombrar juntos al menos una persona que hizo su día mejor.

Los adolescentes que se sienten comprendidos son los que más fácilmente aprenden a comprender.

PREGUNTAS FRECUENTES

¿Cómo ayudo a mi hijo a expresar sus emociones sin miedo?

Crea un entorno donde sepa que no será juzgado por lo que siente. Escúchalo con atención, valida sus emociones y evita reaccionar con críticas o soluciones apresuradas. Frases como:

- *"Estoy aquí para escucharte, no para corregirte."*
- *"Lo que sientes es importante, ¿quieres hablar más de eso?"*
  le permitirán sentirse seguro para abrirse contigo. Recuerda que muchas veces no busca respuestas, sino simplemente ser comprendido y acompañado sin presión.

¿Qué hago si mi hijo reacciona de forma impulsiva o agresiva?

Evita confrontarlo en el momento de mayor intensidad emocional. Dale espacio para calmarse y, más adelante, conversa sobre lo ocurrido con calma. Enséñale técnicas de autorregulación como la respiración consciente o la escritura reflexiva.

¿Cómo fomento la empatía en casa?

Practica el diálogo reflexivo: pregúntale cómo cree que se sintió la otra persona, invítalo a pensar en distintas perspectivas y muéstrale empatía tú también. La empatía se aprende más por el ejemplo que por la instrucción.

¿Qué hago si mi hijo dice que no siente nada o no quiere hablar?

No lo presiones. A veces necesitan tiempo y seguridad antes de poder abrirse. Puedes decirle:

- *"Está bien si ahora no quieres hablar, pero cuando estés listo, estaré aquí."*
Y cumple con esa promesa de disponibilidad emocional.

RESUMEN CLAVE DEL CAPÍTULO

- La inteligencia emocional es una habilidad que se puede desarrollar y fortalece el bienestar de los adolescentes.
- La autoconciencia permite que los jóvenes comprendan lo que sienten y por qué.
- La autorregulación les enseña a responder con equilibrio en vez de reaccionar por impulso.

- La motivación interna fomenta la perseverancia, incluso cuando los resultados tardan.
- La empatía y las habilidades sociales mejoran las relaciones y previenen conflictos innecesarios.
- Como padres, modelar estas habilidades en casa es la herramienta más poderosa para transmitirlas.

"Las emociones no son buenas ni malas, simplemente son. Lo importante es cómo las gestionamos."

CAPÍTULO 5

Límites Saludables y Fomento de la Independencia Responsable

"La disciplina no es el enemigo de la libertad, es su mejor aliada." – Stephen R. Covey

Criar a un adolescente es un acto de equilibrio constante. Por un lado, queremos protegerlos de los peligros del mundo, evitar que cometan errores que puedan marcar sus vidas y guiarlos hacia un futuro exitoso. Por otro, sabemos que necesitan espacio para aprender por sí mismos, tomar decisiones y desarrollar confianza en su propio juicio.

La adolescencia es una etapa de transición en la que los jóvenes comienzan a definirse como individuos, alejándose poco a poco de la dependencia infantil para acercarse a la autonomía adulta. Este proceso es natural y necesario, pero también puede resultar desafiante para los padres.

Es común preguntarse:

- ¿Estoy siendo demasiado estricto o permisivo?
- ¿Cómo puedo establecer límites sin que se sienta como un castigo?
- ¿Qué puedo hacer para fomentar su independencia sin exponerlo a riesgos innecesarios?
- ¿Cómo le enseño a tomar decisiones responsables sin que sienta que no confío en él?

Cuando los límites son excesivamente rígidos, los adolescentes pueden sentirse sofocados, desarrollar resentimiento o buscar desafiar las normas. Por el contrario, si los límites son demasiado laxos, pueden sentirse inseguros y confundidos. La clave está en **encontrar un punto medio donde las normas ofrezcan estructura sin bloquear la exploración**.

¿Qué aprenderás en este capítulo?

- Cómo establecer límites claros y efectivos sin generar resistencia extrema.
- Estrategias para fomentar la independencia de manera progresiva.
- Cómo transformar las reglas en oportunidades de aprendizaje, no en castigos.
- Herramientas para ayudar a los adolescentes a desarrollar criterio propio.
- Casos reales y ejemplos aplicables en la vida cotidiana.

Los adolescentes necesitan límites, aunque no siempre lo admitan. Y los padres, aunque a veces lo olviden, también necesitan aprender a confiar.

Acompáñanos a descubrir cómo construir un ambiente familiar donde la libertad y la responsabilidad caminen de la mano.

LA IMPORTANCIA DE LOS LÍMITES Y LA AUTONOMÍA EN LA ADOLESCENCIA

Uno de los mayores desafíos para los padres de adolescentes es encontrar el equilibrio entre establecer límites firmes y permitir la autonomía necesaria para su crecimiento. Comprender la importancia de los límites saludables y cómo aplicarlos con efectividad puede transformar la convivencia familiar y preparar a los adolescentes para la vida adulta.

La Búsqueda de Identidad y Autonomía

Según el psicólogo Erik Erikson, la adolescencia representa un momento crítico en el desarrollo de la identidad. Esta etapa se caracteriza por el conflicto entre **"Identidad vs. Confusión de rol"**, lo que implica una profunda exploración de valores, creencias y aspiraciones.

Durante esta búsqueda, los adolescentes necesitan probar, equivocarse y redefinirse. Pero este proceso de descubrimiento no debe ocurrir en un vacío. **Requieren límites claros que sirvan como guía y protección emocional**, sin limitar su crecimiento.

Beneficios de los Límites Saludables

1. Fomentan la seguridad

Aunque los adolescentes parecen desear libertad absoluta, necesitan sentirse contenidos. Los límites proporcionan una sensación de estructura y previsibilidad.

Ejemplo:
Si tu hijo sabe que debe regresar a casa antes de cierta hora, aunque refunfuñe, se sentirá acompañado y cuidado. El límite se convierte en una red de seguridad emocional.

2. Desarrollan el autocontrol

Cuando las reglas son claras y constantes, los adolescentes aprenden a tomar decisiones con responsabilidad.

Ejemplo:
Un horario definido para el uso de dispositivos digitales puede ayudarle a priorizar sus tareas, descansar y autorregularse.

3. Fortalecen la confianza en los padres

Establecer reglas de forma empática promueve el respeto mutuo y genera un ambiente de confianza.

Ejemplo:
Involucrar a tu hijo en la decisión sobre horarios de salidas le permite sentirse escuchado, y al mismo tiempo, entender que existen límites por su bienestar.

4. Reducen conflictos innecesarios

La claridad evita malentendidos y discusiones repetitivas. Los acuerdos previos disminuyen los enfrentamientos constantes.

Ejemplo:
Si está establecido que después de las 9 p. m. no se usa el celular, no habrá discusión cada noche al respecto.

¿Cómo Equilibrar los Límites y la Autonomía?

Los adolescentes no necesitan padres autoritarios que impongan todo sin explicación, ni padres excesivamente permisivos que teman poner normas. El equilibrio se logra con una **crianza democrática**, basada en el respeto mutuo, el diálogo y la claridad.

Crianza con límites es crianza con amor

A veces tememos que establecer reglas nos aleje de nuestros hijos, pero **los límites no son una forma de castigo, sino una**

demostración de amor y cuidado. Dan dirección, estructura y seguridad, lo cual les permite avanzar con confianza.

- Los límites deben ser **claros, consistentes y ajustados a su nivel de madurez.**
- La autonomía se gana **progresivamente**, a medida que demuestran responsabilidad.
- El diálogo es esencial para que comprendan que las reglas no son arbitrarias.

Un adolescente guiado con firmeza y empatía desarrollará criterios propios, autonomía responsable y vínculos familiares sólidos.

Estrategias Prácticas para Establecer Límites y Fomentar la Independencia

A continuación, te presentamos tres estrategias clave para equilibrar normas y libertad, fortaleciendo la convivencia y ayudando a tu hijo a crecer con responsabilidad, con ejemplos que podrás adaptar para aplicar según el contexto:

1. Definir Reglas Claras y Consistentes

Las reglas deben entenderse como una guía, no como una imposición. Cuando se explican con lógica, son más fáciles de aceptar.

Claves para lograrlo:

- **Explica el "por qué" de las normas:**
  Ejemplo: *"No es que no confíe en ti, pero estar en casa a cierta*

hora me da tranquilidad. Sé que estás bien y descansado para el día siguiente."

- **Involúcralo en la creación de reglas:**
  Pregunta: *"¿Qué te parece una hora razonable para volver cuando salgas con tus amigos?"*
  Llegar juntos a un acuerdo refuerza su sentido de responsabilidad.

- **Sé coherente con las consecuencias:**
  Si una norma se incumple, aplica la consecuencia acordada con firmeza, sin ira.
  Evita castigos exagerados o impulsivos. En cambio, opta por consecuencias relacionadas: *"Como no avisaste que llegarías tarde, hoy no saldrás. Mañana podemos hablar de cómo mejorar esto."*

2. Dar Independencia de Forma Gradual

La independencia no se concede de una vez: se construye con pasos pequeños y consistentes.

Cómo aplicarlo:

- **Relaciona libertad con responsabilidad:**
  "Como cumpliste con tu rutina de estudio esta semana, puedes elegir a qué hora te conectas con tus amigos hoy."

- **Permite errores como parte del aprendizaje:**
  Si elige mal (gasta todo su dinero en algo innecesario), no rescates automáticamente.
  Acompáñalo a reflexionar: *"¿Cómo podrías administrarlo mejor la próxima vez?"*

- **Revisa y ajusta acuerdos juntos:**
  "Hemos notado que has sido responsable con tus horarios. *¿Quieres que revisemos juntos si se puede flexibilizar un poco más?"*

3. Comunicación y Confianza como Base

Sin confianza, las reglas se sienten como imposiciones. Sin comunicación, la libertad se vuelve riesgosa.

Estrategias efectivas:

- **Habla desde la empatía, no desde la autoridad:**
  En lugar de "Porque lo digo yo", intenta:
  "Me gustaría que llegáramos a un acuerdo que funcione para ambos. Quiero saber cómo lo ves tú."

- **Reconoce sus esfuerzos:**
  "Aprecio mucho que hayas respetado lo que acordamos. Eso demuestra madurez."

- **Respeta su privacidad:**
  Evita vigilar constantemente o revisar sus cosas sin una razón clara. El respeto genera reciprocidad.

Recuerda:

Tu rol no es controlar su vida, sino guiarlo para que aprenda a tomar decisiones con seguridad y responsabilidad.

PREGUNTAS FRECUENTES

¿Cómo establecer límites sin ser demasiado estricto?
Explica siempre el porqué de cada norma. Usa un tono respetuoso, permite que tu hijo dé su opinión y ajusta los límites de acuerdo a su madurez y responsabilidad.

¿Cómo fomentar la independencia sin perder el control?
Establece un marco claro de confianza y normas. Permite que tome decisiones dentro de ciertos límites, y acompáñalo cuando las consecuencias aparezcan. La supervisión no implica control absoluto.

¿Qué hacer si mi hijo constantemente desafía las reglas?
Mantén la calma y la firmeza. Asegúrate de aplicar las consecuencias previamente acordadas sin caer en castigos punitivos. Revisa si las reglas son claras y coherentes, y si se sienten escuchados al establecerlas.

¿Cómo puedo saber si estoy siendo demasiado permisivo?
Evalúa si tu hijo necesita recordatorios constantes para cumplir con sus responsabilidades. Si no hay consecuencias claras por incumplimientos o si él no conoce los límites, puede que necesite más estructura.

RESUMEN CLAVE DEL CAPÍTULO

- **Los límites saludables** brindan seguridad y ayudan a desarrollar el autocontrol.
- **La independencia debe crecer de forma progresiva**, en la medida en que el adolescente demuestra responsabilidad.
- **Las reglas claras y explicadas** son más efectivas que las impuestas sin diálogo.

- **La comunicación abierta y la confianza mutua** son esenciales para una relación sólida y respetuosa.
- **La disciplina basada en el respeto** forma adolescentes con criterio propio, capaces de tomar decisiones equilibradas.

"Guiar a los adolescentes no es controlarlos, sino enseñarles a tomar decisiones responsables."

CAPÍTULO 6

Construcción de Relaciones Saludables en la Adolescencia

"La calidad de nuestras relaciones determina la calidad de nuestras vidas." – Esther Perel

La adolescencia es una etapa de transición en la que las relaciones interpersonales cobran una relevancia decisiva. A medida que los jóvenes buscan su identidad, las amistades, las primeras experiencias románticas y la pertenencia a un grupo se convierten en aspectos centrales para su desarrollo emocional y social.

Durante este proceso, las relaciones pueden funcionar como un refugio que proporciona contención y validación, o convertirse en fuentes de presión, conflicto y desorientación. Por ello, es vital que los adolescentes cuenten con las herramientas necesarias para desarrollar vínculos sanos, duraderos y enriquecedores.

Como padres, nuestro rol no es controlar sus relaciones, sino acompañarlos, guiarlos y ofrecer un espacio donde puedan reflexionar sobre ellas con claridad, sin miedo ni juicio.

¿Qué aprenderás en este capítulo?

- Comprender la importancia de las relaciones sanas en la adolescencia y su impacto en la identidad y la autoestima.
- Reconocer los diferentes estilos de apego y cómo influyen en los vínculos afectivos.

- Detectar señales de relaciones tóxicas o desequilibradas y actuar de forma preventiva.
- Fomentar habilidades como la empatía, la comunicación asertiva y la capacidad de establecer límites saludables.
- Fortalecer la conexión entre padres e hijos como base para relaciones externas positivas.

LA INFLUENCIA DE LAS RELACIONES EN LA ADOLESCENCIA

La adolescencia marca una progresiva desvinculación del núcleo familiar como única fuente de referencia emocional. En su lugar, emergen nuevas figuras de apego: amigos, parejas, docentes, comunidades, y redes de interacción social más amplias.

El tipo de relaciones que los adolescentes entablan influye profundamente en:

- Su autoconcepto y autoestima.
- Su capacidad de tomar decisiones independientes.
- Su regulación emocional ante la crítica, el conflicto o el rechazo.
- La calidad de sus vínculos futuros, incluso en la adultez.

Teoría del Apego y Relaciones Adolescentes

John Bowlby planteó que los vínculos tempranos que establecemos con nuestros cuidadores primarios condicionan la forma en que percibimos la cercanía emocional y la confianza en las relaciones futuras.

Estilos de apego:

1. **Apego seguro**: confianza en los demás, capacidad de intimidad emocional y buen manejo de la autonomía.
2. **Apego ansioso**: necesidad constante de validación, temor al abandono, dependencia emocional.
3. **Apego evitativo**: tendencia a reprimir las emociones, evitar la cercanía y mostrarse autosuficiente en exceso.
4. **Apego desorganizado**: relaciones caóticas, temor a la intimidad y conductas contradictorias en los vínculos.

Los adolescentes que han desarrollado un apego seguro tienen mayores probabilidades de establecer vínculos positivos, gestionar los conflictos con madurez y sentirse cómodos expresando emociones.

La Relevancia de las Relaciones Saludables

1. Desarrollo de Habilidades Sociales

Los vínculos interpersonales en la adolescencia son el escenario ideal para ensayar competencias como:

- Comunicación efectiva.
- Resolución de conflictos.
- Escucha activa y validación emocional.
- Capacidad de negociación y acuerdos.

Estas habilidades no solo mejoran su vida social, sino que son claves para su adaptación futura en contextos laborales, familiares y comunitarios permitiéndoles construir relaciones sanas, colaborar con otros y tomar decisiones más conscientes en cada etapa de su vida.

2. Fomento de la Autoestima

La calidad de las relaciones influye directamente en la percepción que el adolescente tiene de sí mismo. Relaciones que validan, respetan y estimulan el crecimiento personal refuerzan la confianza y reducen la necesidad de aprobación externa.

3. Creación de una Red de Apoyo

Un entorno social sano ofrece contención emocional en momentos de vulnerabilidad, como fracasos escolares, conflictos familiares o rupturas amorosas. Saber que hay alguien con quien contar reduce el aislamiento y el riesgo de problemas emocionales mayores.

4. Prevención de Relaciones Tóxicas

Educar sobre relaciones saludables también implica identificar dinámicas dañinas: manipulación, control, agresiones verbales o físicas, dependencia emocional, entre otras. Cuando los adolescentes comprenden estas señales, tienen más herramientas para poner límites y pedir ayuda.

Estrategias para Acompañar el Desarrollo de Relaciones Saludables

1. Comunicación Asertiva

El asertividad permite expresar ideas y emociones con claridad, sin agredir ni someterse. Es una herramienta clave para establecer vínculos equitativos.

Claves para fomentar el asertividad:

- Modelar conversaciones respetuosas en casa.
- Enseñar frases para marcar límites sin culpa:
  "No me gusta cómo me estás hablando",

"Necesito un momento para pensar",
"No estoy de acuerdo, pero respeto tu opinión".

- Valorar el derecho a decir "no" sin tener que justificarse excesivamente.
- Promover la escucha activa y el respeto en los debates familiares.

2. Detectar y Evitar Relaciones Tóxicas

Ayudar a los adolescentes a reconocer señales de alerta es esencial para prevenir relaciones que los dañen emocionalmente.

Señales de advertencia:

- Chantaje emocional.
- Celos excesivos.
- Aislamiento de otros vínculos.
- Críticas constantes o humillaciones.
- Ciclos de conflicto-reconciliación sin resolución.

Cómo abordarlo desde el hogar:

- Conversar sin juzgar ni imponer.
- Hacer preguntas que promuevan la reflexión:
  "¿Cómo te sientes cuando estás con esta persona?",
  "¿Te sientes libre para ser tú mismo/a?"
- Reafirmar que nadie merece estar en una relación donde no se siente valorado o seguro.

3. Empatía y Respeto

La empatía permite comprender lo que el otro siente, incluso si no se está de acuerdo. El respeto asegura que esas diferencias no se conviertan en motivo de desprecio o violencia.

Formas de fomentar la empatía:
- Promover la lectura, el arte y el cine como vehículos para entender otras realidades.
- Conversar sobre diversidad, inclusión y derechos humanos.
- Incentivar el pensamiento crítico ante prejuicios o actitudes discriminatorias.

Modelar relaciones respetuosas:
- Evitar gritar o descalificar en discusiones familiares.
- Pedir disculpas cuando se cometen errores.
- Reconocer los sentimientos del adolescente como válidos, aunque no se compartan.

El Rol de los Padres como Guías

No se trata de controlar las relaciones de los adolescentes, sino de:
- Generar un entorno donde se sientan seguros para compartir lo que viven.
- Ofrecer una escucha disponible, sin respuestas automáticas ni soluciones impuestas.
- Mostrar interés genuino por sus vínculos, sin invadir su privacidad.
- Reforzar con el ejemplo valores como el respeto, la confianza y la responsabilidad afectiva.

Los adolescentes que cuentan con adultos confiables a su alrededor tienen más recursos para enfrentar relaciones complejas, tomar decisiones equilibradas y desarrollar una red vincular sólida.

PREGUNTAS FRECUENTES

¿Cómo ayudo a mi hijo a construir nuevas amistades?
Incentiva su participación en actividades que disfrute, donde pueda conocer personas con intereses afines. Refuerza la importancia de la autenticidad.

¿Qué hago si mi hijo está en una relación tóxica?
Evita criticar directamente. Escucha con atención, fomenta el diálogo y ayúdalo a identificar lo que le genera malestar, brindándole apoyo sin presión.

¿Cómo abordar los conflictos con sus amigos?
Enséñale a expresarse con claridad, escuchar al otro y buscar soluciones que no impliquen agresión ni sumisión.

RESUMEN CLAVE DEL CAPÍTULO

- Las relaciones son fundamentales en la construcción de la identidad adolescente.
- La calidad del apego temprano influye en la forma de relacionarse en la adolescencia.
- Las relaciones saludables promueven autoestima, habilidades sociales y bienestar emocional.
- La comunicación asertiva, la empatía y la capacidad de establecer límites son herramientas clave.
- El rol parental debe basarse en el acompañamiento, la guía y el ejemplo, no en el control.

Las buenas relaciones no se improvisan. Se construyen día a día, con respeto, presencia y compromiso.

CAPÍTULO 7

Tecnología y Redes Sociales en la Adolescencia

> "La tecnología es solo una herramienta. En términos de motivación e inspiración, el maestro es lo más importante."
> – Bill Gates

La tecnología ha transformado profundamente la forma en que vivimos, nos comunicamos y aprendemos. Para los adolescentes, la conectividad digital no es solo una herramienta: es una parte fundamental de su identidad y su vida social. Internet y las redes sociales les permiten mantenerse informados, explorar sus intereses y expresarse con libertad. Pero esta hiperconectividad también trae desafíos importantes que pueden afectar su bienestar emocional, su autoestima y su capacidad para interactuar con el mundo real.

Los adolescentes pasan hoy en día una cantidad significativa de tiempo en línea. Según estudios recientes, pueden dedicar entre siete y nueve horas diarias al uso de pantallas, ya sea en redes sociales, videojuegos, contenido en streaming o mensajería instantánea. Aunque el acceso a la tecnología tiene muchos beneficios, también puede generar efectos negativos como:

- Adicción digital que interfiere con su rendimiento académico y relaciones familiares.
- Comparación social que alimenta la ansiedad y la inseguridad.

- Exposición a contenido inadecuado que afecta su percepción del mundo.
- Pérdida de habilidades sociales por exceso de comunicación virtual.
- Trastornos del sueño por uso excesivo de pantallas en horarios nocturnos.

Ante este escenario, los padres suelen hacerse preguntas como:

- ¿Cómo puedo establecer límites sin generar conflictos?
- ¿De qué forma lo ayudo a distinguir el contenido constructivo del perjudicial?
- ¿Cómo fomentar el uso responsable de la tecnología sin recurrir a restricciones excesivas?
- ¿Qué impacto emocional tiene esta conectividad y cómo lo acompaño?

Este capítulo propone herramientas para ayudar a los adolescentes a desarrollar un uso equilibrado y consciente de la tecnología. No se trata de prohibirla, sino de enseñar a utilizarla como aliada para su crecimiento personal y social.

TECNOLOGÍA Y DESARROLLO ADOLESCENTE

Durante la adolescencia, el cerebro está en plena transformación. El proceso de poda neuronal fortalece las conexiones más usadas y elimina las menos necesarias. El uso de tecnología influye directamente en este proceso, ya que:

- Reconfigura rutas neuronales según la exposición digital.
- Refuerza hábitos de recompensa inmediata y multitarea.

- Puede afectar la memoria, la concentración y la regulación emocional.

Jean Twenge, autor de *iGen*, sostiene que el aumento del uso de pantallas se relaciona con mayores niveles de ansiedad, soledad y disminución del bienestar general. El cerebro adolescente, en pleno desarrollo, es especialmente sensible a las dinámicas de recompensa instantánea y validación social características del entorno digital. . Twenge encontró que, a medida que el tiempo frente a la pantalla ha aumentado, también lo han hecho los sentimientos de soledad y la disminución del bienestar general en los jóvenes.

Impactos Positivos y Negativos de la Tecnología

La tecnología no es buena ni mala en sí misma. Su efecto dependerá del uso y la relación que el adolescente establezca con ella.

Impactos Positivos

1. Acceso a información educativa y aprendizaje autodidacta

La tecnología facilita el acceso a cursos, tutoriales, clases en línea y herramientas interactivas. Plataformas como YouTube, Coursera o Khan Academy estimulan el aprendizaje activo, alineado con el modelo constructivista de Piaget.

2. Conexión con seres queridos a distancia

Las redes permiten mantener vínculos afectivos incluso en la distancia. La teoría del apego de Bowlby respalda esta idea: los lazos emocionales, aunque sean digitales, son clave para el bienestar psicológico si se cultivan con autenticidad. Cuando estos vínculos se nutren de presencia emocional, empatía y comunicación genuina, pueden ofrecer el mismo sostén emocional que una relación presencial

3. Desarrollo creativo

Aplicaciones y plataformas como Canva, TikTok o Minecraft permiten que los adolescentes exploren su creatividad. Según el enfoque de Kolb, el aprendizaje significativo ocurre a través de la experimentación, y estas herramientas pueden estimularla de manera poderosa.

Impactos Negativos
1. Dependencia a las pantallas

La dificultad para dejar el dispositivo, la ansiedad al estar desconectado o la distracción constante son signos de adicción digital. La teoría del refuerzo de B.F. Skinner ayuda a explicar por qué redes y videojuegos generan dependencia: cada "like" o recompensa libera dopamina.

2. Comparación social

Los adolescentes tienden a medir su valía con base en los perfiles que ven en redes. La teoría de la comparación social de Festinger lo explica: en un entorno de imágenes editadas y vidas idealizadas, crecen los sentimientos de insuficiencia y frustración.

3. Exposición al ciberacoso y contenidos inapropiados

La facilidad para interactuar de forma anónima en redes ha incrementado los casos de acoso digital. Bandura, desde su teoría del aprendizaje social, advierte que los adolescentes modelan comportamientos que observan, incluso los más dañinos. Cuando los jóvenes están expuestos constantemente a dinámicas agresivas o comentarios hostiles en línea, pueden llegar a normalizar estas conductas. Además, el anonimato disminuye la empatía, lo que facilita la reproducción de patrones dañinos sin considerar las consecuencias emocionales para la víctima..

Estrategias para un Uso Saludable de la Tecnología

En la era digital, la tecnología forma parte esencial de la vida de los adolescentes. Sin embargo, su uso excesivo o inadecuado puede afectar su bienestar emocional, académico y social. En lugar de prohibir, el enfoque debe ser educativo. Aquí se presentan tres estrategias clave para fomentar un uso consciente, equilibrado y seguro de la tecnología en la adolescencia.

1. Establecer límites claros

Uso estructurado:

- Definir horarios sin pantallas, como durante las comidas, antes de dormir o en reuniones familiares.
- Crear zonas libres de dispositivos, como las habitaciones.
- Establecer tiempo de uso diario y fomentar la autorregulación.

Redes con criterio:

- Enseñar a elegir contenido enriquecedor y evitar cuentas que promuevan comparaciones o idealización excesiva.
- Hablar abiertamente sobre la realidad editada detrás de muchas publicaciones.

Supervisión con respeto:

- Utilizar controles parentales sin invadir la privacidad, fomentando una cultura de diálogo y confianza donde el adolescente comprenda que la supervisión busca proteger, no controlar
- Mantener una conversación abierta sobre los riesgos del mundo digital y cómo identificarlos.

2. Promover el equilibrio entre vida digital y vida real

Alternativas offline:

- Impulsar actividades como la lectura, el deporte, el arte, los juegos de mesa o salidas al aire libre.
- Programar momentos familiares sin pantallas.

Predicar con el ejemplo:

- Evitar revisar el teléfono durante las conversaciones, ya que hacerlo transmite desinterés y puede debilitar la conexión emocional con la otra persona.
- Mostrar que se puede desconectar voluntariamente sin ansiedad.

Desconexión planificada:

- Organizar días sin redes sociales o pausas digitales.
- Incentivar momentos de contacto real, como una caminata o una cena sin dispositivos.

3. Educación en seguridad digital

Privacidad:

- Enseñar a manejar configuraciones de seguridad y a compartir solo lo necesario.
- Reforzar que una vez que se publica algo en internet, deja una huella permanente.

Prevención del ciberacoso:

- Identificar señales de acoso, como mensajes ofensivos o amenazas.
- Enseñar a bloquear y denunciar sin miedo ni culpa.

Huella digital consciente:
- Reflexionar antes de publicar. Preguntar: ¿cómo me haría sentir esto si lo vieran mis profesores o familiares?
- Promover una identidad digital que refleje valores, intereses y logros personales.

Tecnología con Sentido

El objetivo no es controlar ni prohibir, sino enseñar a usar la tecnología con criterio. Con acompañamiento, límites razonables y educación continua, los adolescentes pueden aprender a aprovechar lo digital como herramienta de crecimiento, sin caer en la dependencia.

Como adultos, podemos guiarlos en este proceso, no desde la imposición, sino desde el ejemplo y el diálogo constante.

PREGUNTAS FRECUENTES

¿Cuánto tiempo de pantalla es recomendable para un adolescente?
La Academia Americana de Pediatría sugiere un máximo de 2 horas diarias de uso recreativo.

¿Cómo prevenir la adicción a la tecnología?
Fomentar actividades fuera de pantalla y establecer límites desde temprana edad ayuda a evitar la dependencia digital.

¿Cómo hablar con mi hijo sobre los peligros de internet?
Desde la claridad y la apertura, sin imponer miedo, sino con información y confianza.

RESUMEN CLAVE DEL CAPÍTULO

- La tecnología no es enemiga, pero debe ser utilizada con responsabilidad y equilibrio.
- Es vital establecer límites y fomentar actividades offline para un desarrollo integral.
- Educar sobre seguridad digital empodera a los adolescentes y reduce riesgos.
- El acompañamiento adulto es clave para construir hábitos digitales saludables.

"La tecnología debe mejorar nuestras vidas, no controlarlas."

En el próximo capítulo, abordaremos cómo cuidar la salud mental y física durante la adolescencia y cómo fomentar un bienestar integral en casa y en la escuela.

CAPÍTULO 8

Salud Física y Mental en la Adolescencia

"La salud no lo es todo, pero sin ella, todo lo demás es nada."
– Arthur Schopenhauer

La adolescencia es una etapa de cambios vertiginosos en los que el cuerpo, la mente y las emociones evolucionan a un ritmo acelerado. Es un periodo en el que se sientan las bases para la salud a largo plazo, pues los hábitos adquiridos en esta etapa suelen acompañar a los jóvenes en su vida adulta. Sin embargo, el bienestar integral de un adolescente no se limita a su condición física; su salud mental y emocional juegan un papel fundamental en su desarrollo, su autoestima y su capacidad para enfrentar los desafíos de la vida.

En este capítulo, exploraremos la importancia de fomentar hábitos saludables desde una alimentación equilibrada hasta la gestión del estrés, abordando también desafíos actuales como el sedentarismo digital, la presión social y la ansiedad derivada de las exigencias académicas.

Además, ofreceremos estrategias concretas para cultivar el bienestar físico y emocional, ayudando a los adolescentes a construir una base sólida para su desarrollo integral.

LOS RETOS DE LOS PADRES EN LA SALUD DE SUS HIJOS

Muchos padres se enfrentan al dilema de motivar a sus hijos a cuidar su bienestar en un entorno que facilita hábitos poco saludables. Las preocupaciones más comunes incluyen:

- *"Mi hijo pasa demasiado tiempo frente a una pantalla y casi no hace ejercicio."*
- *"No sé cómo hacer que coma mejor sin que lo sienta como una imposición."*
- *"Se duerme tarde y se despierta cansado, pero no quiere cambiar su rutina."*
- *"A veces parece ansioso o desmotivado, pero no sé cómo ayudarlo."*

La clave para abordar estas inquietudes no está en imponer reglas rígidas, sino en educar, acompañar y ofrecer entornos que fomenten el bienestar desde la empatía, el ejemplo y la escucha activa.

Un Enfoque Holístico para el Bienestar Adolescente

El bienestar de los adolescentes debe abordarse de manera integral, considerando los siguientes pilares:

1. **Salud física**: alimentación, ejercicio y sueño.
2. **Salud mental y emocional**: autoestima, manejo del estrés, vínculos positivos.
3. **Equilibrio digital**: uso consciente de la tecnología.
4. **Autocuidado y resiliencia**: construcción de hábitos que promuevan el bienestar a largo plazo.

Lo que un adolescente aprende hoy sobre su cuerpo y su mente influirá directamente en su adultez. Los buenos hábitos fortalecen el rendimiento académico, las relaciones personales y la estabilidad emocional. Además, construyen una base sólida de autoestima y autocuidado que será clave para enfrentar los desafíos de la vida con seguridad y equilibrio.

La Interacción entre Salud Física y Mental en la Adolescencia

Durante esta etapa, los jóvenes experimentan una transformación hormonal, emocional y social que impacta su bienestar general. Entender la relación entre cuerpo y mente es esencial para favorecer un desarrollo equilibrado.

Salud Mental: Un Pilar Fundamental

Según la OMS, la salud mental implica la capacidad de afrontar retos, desarrollar habilidades y contribuir a la comunidad. En la adolescencia, los cambios pueden generar vulnerabilidad emocional.

Factores de riesgo comunes:

- Presión académica.
- Transformaciones corporales.
- Búsqueda de identidad.
- Comparaciones en redes sociales.
- Dificultades familiares o sociales.

La salud mental influye directamente en la forma en que los adolescentes interactúan, aprenden y se perciben a sí mismos. Su bienestar emocional depende en gran parte de su entorno, sus hábitos y las herramientas que desarrollan para gestionar sus emociones.

Factores Claves para el Bienestar Integral

1. Nutrición adecuada y su impacto en cuerpo y mente

Una dieta equilibrada potencia el rendimiento cognitivo, la concentración y el estado de ánimo.

Aspectos clave:
- El cerebro requiere nutrientes como hierro, omega-3 y vitaminas del grupo B para funcionar correctamente.
- El exceso de azúcar y alimentos ultraprocesados afecta la regulación emocional.

Estudios señalan que una alimentación rica en alimentos naturales mejora el sueño, la energía y la estabilidad emocional.

2. Ejercicio Regular como Regulador Emocional

La actividad física no solo beneficia al cuerpo, sino también al estado de ánimo. Mejora la concentración, reduce el estrés y refuerza la autoestima.

Beneficios principales:
- Libera endorfinas y serotonina.
- Favorece el aprendizaje y la neuroplasticidad.
- Fortalece la integración social.

En un mundo digitalizado, promover el movimiento es esencial para contrarrestar el sedentarismo.

3. Sueño Reparador: Pilar para el Rendimiento y la Estabilidad Emocional

El sueño regula funciones vitales, consolidación de aprendizajes y control emocional.

Datos importantes:
- Se recomiendan entre 8 y 10 horas de sueño por noche.

- El uso de pantallas antes de dormir interfiere con la melatonina.
- El insomnio afecta el humor, la memoria y la motivación.

Tener horarios consistentes y rutinas relajantes antes de dormir mejora la salud general.

4. Gestión del Estrés

El estrés en adolescentes puede afectar el rendimiento académico y las relaciones interpersonales si no se maneja adecuadamente.

Efectos del estrés crónico:

- Eleva los niveles de cortisol.
- Dificulta la regulación emocional.
- Puede afectar la memoria y el bienestar físico.

Aprender a identificar y gestionar el estrés fortalece la resiliencia emocional.

5. Apoyo Social como Sostén del Bienestar

La conexión emocional con otros es una fuente poderosa de salud mental. Sentirse escuchado y valorado ayuda a los adolescentes a superar desafíos.

Relaciones sanas aportan:

- Mayor autoestima.
- Reducción del riesgo de trastornos emocionales.
- Mayor capacidad para manejar conflictos.

La falta de vínculos positivos puede generar soledad, ansiedad y sentimientos de inseguridad.

La Salud Física y Mental Son un Todo

No se puede separar el cuidado del cuerpo del cuidado de la mente. Alimentarse bien, moverse con regularidad, descansar lo necesario y contar con apoyo emocional son piezas de un mismo rompecabezas.

Una buena salud emocional refuerza los hábitos físicos positivos, y viceversa.

Estrategias Prácticas para una Vida Saludable

1. Fomentar hábitos alimenticios saludables

- Evitar ultraprocesados y azúcares añadidos.
- Promover comidas caseras y balanceadas.
- Incentivar la hidratación con agua y bebidas naturales.

Consejo útil: Involucra a tu hijo en la preparación de los alimentos. Cocinar juntos promueve hábitos conscientes y refuerza la conexión familiar.

2. Promover el ejercicio regular

- Actividades físicas al menos 3 veces por semana.
- Pequeños cambios como caminar o estirarse al despertar.
- Buscar opciones divertidas y variadas para evitar el aburrimiento.

Recuerda: el ejercicio mejora la autoestima, reduce el estrés y mejora la calidad del sueño.

3. Garantizar un sueño de calidad

- Horarios regulares de sueño.
- Evitar pantallas al menos 30 minutos antes de dormir.
- Crear un ambiente propicio: oscuro, silencioso y sin distracciones.

Técnica recomendada: practicar ejercicios de relajación antes de acostarse puede favorecer el descanso.

4. Enseñar a gestionar el estrés

- Respiración consciente o técnicas como el 4-7-8.
- Diario emocional como herramienta para expresar preocupaciones.
- Escucha activa sin minimizar sus emociones.

Frase útil: *"Entiendo que esto te preocupa, ¿cómo puedo ayudarte?"*

La salud integral es un estilo de vida

No se trata de cambiar todo de la noche a la mañana, sino de incorporar mejoras sostenibles que fortalezcan el bienestar. Como padres, nuestro rol no es imponer, sino guiar y acompañar desde el ejemplo.

Más que reglas, los adolescentes necesitan acompañamiento, coherencia y comprensión.

PREGUNTAS FRECUENTES

¿Cuántas horas de sueño necesita un adolescente?
Entre 8 y 10 horas por noche.

¿Cómo ayudar a un adolescente a manejar el estrés?
Con actividades recreativas, técnicas de relajación y una red de apoyo emocional.

¿Qué impacto tiene la alimentación en el estado de ánimo?
Una dieta balanceada mejora la estabilidad emocional y la energía diaria.

RESUMEN CLAVE DEL CAPÍTULO

- La salud física y mental están interconectadas.
- Alimentación, ejercicio y descanso son pilares del bienestar.
- La gestión del estrés y el apoyo emocional fortalecen la resiliencia.
- Los hábitos saludables en la adolescencia impactan positivamente en la adultez.

"Cuidar el cuerpo y la mente en la adolescencia es invertir en un futuro equilibrado y feliz."

CAPÍTULO 9

El Rol de los Padres en la Formación de Hábitos y Valores

"Los niños son como cemento fresco, cualquier cosa que caiga sobre ellos deja una marca." – Haim Ginott

La adolescencia es una etapa de grandes cambios y de búsqueda de independencia, pero también es el momento en que los jóvenes consolidan los hábitos y valores que los acompañarán durante toda su vida. Aunque pueda parecer que se alejan de la influencia parental, lo cierto es que siguen observando, analizando e interiorizando las actitudes, creencias y comportamientos de sus padres.

Pueden desafiar reglas, cuestionar normas y resistirse a la autoridad, pero eso no significa que no necesiten guía. De hecho, este es el momento en que la presencia de los padres se vuelve más crucial, aunque de una forma distinta a la niñez. Ya no se trata de imponer, sino de modelar con el ejemplo, fomentar la reflexión y crear un ambiente donde puedan desarrollar hábitos saludables y valores sólidos por sí mismos.

El Desafío de Criar con Equilibrio

Muchos padres se preguntan:

¿Cómo puedo guiar a mi hijo sin imponerle mis valores y decisiones?

La respuesta está en ejercer una influencia positiva, basada en la coherencia, el respeto y el ejemplo. Los valores como la honestidad, la responsabilidad, la empatía y la perseverancia se transmiten a través de acciones cotidianas y experiencias compartidas, no solo con palabras.

¿Qué Aprenderás en Este Capítulo?

En las siguientes secciones exploraremos:

- La importancia del rol parental como guía en la formación de hábitos y valores.
- Cómo influye el entorno familiar y el modelado en la conducta adolescente.
- Estrategias prácticas para cultivar la autodisciplina, el pensamiento crítico y la responsabilidad personal.
- Recursos para fortalecer la ética y la autonomía sin recurrir al control excesivo.

Acompañar a un adolescente es sembrar las semillas de su futuro. Aunque a veces no lo parezca, cada gesto, palabra y decisión en el hogar deja una huella profunda en su manera de ver el mundo y relacionarse con él.

LA FORMACIÓN DE HÁBITOS Y VALORES EN LA ADOLESCENCIA

La adolescencia es una etapa de exploración y consolidación de identidad en la que los jóvenes no solo experimentan cambios físicos y emocionales, sino que también establecen hábitos y valores que pueden acompañarlos durante toda su vida. La manera en que los padres influyen en este proceso es crucial, ya que los hábitos adquiridos en esta fase pueden marcar su éxito, bienestar y relaciones en la adultez.

La Influencia de los Padres

Según el psicólogo James Clear, los hábitos se forman mediante repetición y refuerzo positivo. Charles Duhigg los estructura en un ciclo: señal, rutina y recompensa. Estas acciones repetidas dentro de un entorno que refuerza los comportamientos se convierten en patrones automáticos.

Factores Clave en la Formación de Hábitos

A continuación, exploramos tres factores esenciales que influyen en la consolidación de hábitos y valores en los adolescentes:

1. Modelado Parental

Basado en la teoría del aprendizaje social de Albert Bandura, los adolescentes tienden a imitar lo que observan. Por ello:

- Un padre que mantiene la calma enseña estrategias de afrontamiento saludables.
- Una madre que dedica tiempo a la lectura transmite el valor del aprendizaje.
- Un hogar donde se practica el respeto, refuerza la empatía.

Los adolescentes detectan fácilmente la incoherencia entre el discurso y la acción. La mejor manera de enseñar un valor es vivirlo con autenticidad.

2. El Poder del Entorno

James Clear afirma que un entorno bien diseñado facilita los buenos hábitos y reduce los malos. Un ambiente ordenado y estructurado promueve la organización mental y emocional.

- Espacios de estudio limpios y cómodos favorecen la concentración.

- Reducir distracciones digitales mejora la autodisciplina.
- Horarios claros fortalecen rutinas saludables.

El entorno también comunica valores. Una casa donde se promueve la gratitud y el respeto genera adolescentes con una base sólida para las relaciones saludables.

3. Reforzamiento Positivo

El refuerzo positivo, según Skinner, aumenta la probabilidad de repetir una conducta. Es importante reconocer el esfuerzo, no solo el resultado.

- En lugar de alabar una nota alta, celebra la disciplina para estudiar.
- En lugar de premiar una victoria, destaca la constancia en los entrenamientos.

Esto cultiva una mentalidad de crecimiento (Carol Dweck), donde el adolescente entiende que el valor está en el proceso, no solo en el éxito final.

Estrategias Prácticas para Fomentar Hábitos y Valores Positivos

Los adolescentes no necesitan perfección, sino presencia, coherencia y guía. Estas estrategias te ayudarán a construir una base sólida para su desarrollo integral:

1. Ser Modelo a Seguir

El ejemplo cotidiano tiene más impacto que mil instrucciones. Las acciones consistentes comunican valores con claridad:

- Vive los valores que deseas transmitir.

- Practica la paciencia, el respeto y la responsabilidad.
- Muestra cómo manejar el estrés de forma saludable.

2. Crear Rutinas y Estructuras

La organización y la previsibilidad favorecen la autodisciplina. Los adolescentes prosperan cuando hay estructura:

- Establece horarios regulares de estudio, sueño y actividades.
- Asigna responsabilidades domésticas acordes a su edad.
- Introduce metas personales para fortalecer la autodisciplina.

Las rutinas claras reducen el caos emocional y aumentan el sentido de estabilidad.

3. Fomentar la Toma de Decisiones y la Responsabilidad

Permitir que tomen decisiones y enfrenten sus consecuencias les enseña autonomía:

- Da libertad para elegir dentro de límites razonables.
- Usa preguntas guía para ayudar a reflexionar sobre sus elecciones.
- Apoya sus errores como oportunidades de aprendizaje.

4. Promover el Diálogo sobre Valores

El pensamiento crítico nace del intercambio de ideas y experiencias:

- Conversa sobre honestidad, justicia y responsabilidad social.
- Escucha sus opiniones con apertura.

- Usa casos reales o dilemas éticos para ejercitar el pensamiento crítico.

La reflexión fortalece los valores internos. No se trata de imponer, sino de invitar a pensar.

La Importancia del Ejemplo y el Diálogo

Inculcar hábitos y valores no significa controlar. Significa acompañar, inspirar y ofrecer un entorno donde los adolescentes puedan construir su identidad desde la seguridad y la coherencia.

Criar a un adolescente no es controlar su camino, sino enseñarle a caminar con firmeza y valores en cualquier dirección que elija.

PREGUNTAS FRECUENTES

¿Cómo inculcar valores en mi hijo adolescente?

Modelando comportamientos positivos y conversando abiertamente sobre ética y conducta.

¿Cómo fomentar la disciplina sin rigidez?

Estableciendo límites con flexibilidad y dejando espacio para aprender de los errores.

¿Qué hacer si mi hijo rechaza mis enseñanzas?

Escuchar con empatía, mantener el ejemplo y sostener el mensaje con coherencia.

¿Cómo ayudo a mi hijo a desarrollar sentido de responsabilidad?

Asignándole tareas adecuadas a su edad y permitiendo que enfrente las consecuencias de sus decisiones.

¿Qué pasa si en casa hay distintos valores entre los padres?

Buscar puntos en común y mostrar unidad frente al adolescente, sin descalificar al otro progenitor.

¿Cómo puedo hablar con mi hijo sobre temas sensibles sin que se cierre?

Generando espacios de confianza, escuchando sin juzgar y eligiendo momentos adecuados para conversar.

RESUMEN CLAVE DEL CAPÍTULO

- Los padres influyen profundamente en la formación de hábitos y valores.
- El ejemplo cotidiano es la herramienta más poderosa.
- Las rutinas brindan estructura y promueven la autodisciplina.
- El refuerzo positivo y el diálogo abren caminos hacia la responsabilidad y la integridad.

"Educar no es dar carrera para vivir, sino templar el alma para las dificultades de la vida." – Pitágoras

CAPÍTULO 10

Preparación para el Futuro Académico y Profesional

"El futuro pertenece a quienes creen en la belleza de sus sueños." – Eleanor Roosevelt

A medida que los adolescentes se acercan a la adultez, enfrentan decisiones trascendentales que pueden definir su trayectoria académica y profesional. Desde la elección de una carrera hasta la inserción en el mundo laboral, cada paso que den influirá en su futuro. Sin embargo, este proceso puede generar incertidumbre, presión social y temor al fracaso, provocando ansiedad y dudas.

Como padres, nuestro rol no es tomar decisiones por ellos, sino guiarlos para que desarrollen herramientas que les permitan construir su camino con seguridad y confianza. Pero ¿cómo hacerlo sin imponer nuestras expectativas? ¿Cómo equilibrar el deseo de verlos triunfar con la necesidad de que descubran su propio propósito?

El éxito en el mundo actual no depende solo de obtener un título, sino también de adquirir habilidades como pensamiento crítico, adaptabilidad, inteligencia emocional y dominio tecnológico.

Prepararlos para el futuro es ayudarles a descubrir sus talentos, explorar opciones y tomar decisiones basadas en sus pasiones y valores. Es enseñarles que el éxito no tiene un solo camino, y que equivocarse también forma parte del aprendizaje. Acompañarlos con empatía y sin imposiciones les da la seguridad para construir un proyecto de vida con sentido y autonomía.

¿Qué aprenderás en este capítulo?

- Cómo fomentar la autonomía en la toma de decisiones vocacionales.
- El rol de los padres en la orientación profesional sin imposición.
- Teorías del desarrollo vocacional aplicadas a la adolescencia.
- Estrategias prácticas para descubrir intereses, explorar opciones y prepararse para el mundo laboral.
- Herramientas para ayudarles a enfrentar la incertidumbre con confianza.

Acompañarlos en esta etapa no es marcarles el camino, sino darles alas para volar con propósito.

LA IMPORTANCIA DE FOMENTAR LA AUTONOMÍA Y LA TOMA DE DECISIONES

La transición a la adultez implica asumir responsabilidades. Los adolescentes que desarrollan autonomía y habilidades de decisión están mejor preparados para enfrentar el mundo real. Quienes han sido sobreprotegidos pueden sentirse inseguros al tomar decisiones importantes.

Por ello, es fundamental que aprendan a:

- Evaluar sus intereses y habilidades.
- Investigar opciones educativas y laborales con criterio.
- Desarrollar una mentalidad de crecimiento.

- Aceptar que equivocarse es parte del proceso y ajustar el rumbo si es necesario.

El Rol de los Padres en la Planificación del Futuro

El papel de los padres no es definir el futuro de sus hijos, sino brindarles herramientas y apoyo para que puedan tomar decisiones informadas. Esto se logra mediante:

- Conversaciones abiertas sobre intereses y aspiraciones.
- Acceso a experiencias diversas: talleres, pasantías, mentorías.
- Enseñanza de habilidades prácticas: gestión del tiempo, finanzas personales, resolución de problemas.
- Confianza: transmitir que siempre hay oportunidades para redirigir el camino.

Explicación Teórica: El Desarrollo Vocacional en la Adolescencia

El psicólogo Donald Super propuso que la elección vocacional es un proceso que evoluciona a lo largo de la vida. En la adolescencia se da la fase de **exploración**, donde se prueban opciones y se evalúa cuál encaja mejor con la personalidad y los intereses.

Etapas del Modelo de Super

1. **Crecimiento (hasta los 14 años):**
   - Formación de ideas sobre el mundo laboral.
   - Identificación inicial de intereses.

2. **Exploración (15–24 años):**
   - Evaluación activa de opciones.
   - Participación en actividades vocacionales.
   - Consolidación de una identidad profesional inicial.
3. **Establecimiento (25–44 años):**
   - Elección y estabilización profesional.
4. **Mantenimiento (45–64 años):**
   - Perfeccionamiento de habilidades.
5. **Declive (65+):**
   - Reducción de responsabilidades y planificación del retiro.

Comprender este modelo ayuda a los padres a reconocer que el proceso vocacional lleva tiempo y necesita espacio para la experimentación.

Factores Clave en la Elección del Futuro

1. Autoconocimiento

Conocerse a sí mismo es la base para tomar decisiones coherentes. Los adolescentes deben identificar:

- Actividades que disfrutan.
- Habilidades naturales.
- Valores personales.
- Preferencias de entorno laboral.

Este autoconocimiento permite elegir con mayor seguridad y autenticidad.

2. Exploración de Opciones

El desconocimiento genera inseguridad. La clave está en fomentar la exploración sin presión:

- Investigar campos de estudio y profesiones.
- Participar en actividades extracurriculares o pasantías.
- Conversar con profesionales y asistir a ferias vocacionales.
- Considerar carreras emergentes.

Explorar sin prisa permite decisiones más informadas y alineadas con sus intereses.

3. Habilidades para la Toma de Decisiones

Muchos adolescentes no han practicado la toma de decisiones de forma estructurada. Por eso necesitan:

- Evaluar pros y contras de cada opción.
- Identificar influencias externas (presión social, expectativas familiares).
- Desarrollar autonomía.
- Saber que pueden cambiar de dirección si es necesario.

4. Apoyo y Orientación

El entorno familiar influye profundamente. Lo ideal es:

- Escuchar sin imponer.
- Ofrecer recursos y experiencias enriquecedoras.
- Apoyar emocionalmente ante la ansiedad por el futuro.
- Evitar proyectar frustraciones propias.

El acompañamiento con empatía fortalece la seguridad interna del adolescente.

Estrategias Prácticas para Guiar a los Adolescentes en su Futuro

1. Fomentar el Autoconocimiento

- Ejercicios de reflexión personal: ¿Qué me apasiona? ¿Qué hago bien? ¿Qué valores son importantes para mí?
- Participación en actividades extracurriculares.
- Voluntariado con causas que les motiven.
- Aplicación de pruebas vocacionales como herramienta de autodescubrimiento (no como diagnóstico).

2. Explorar Opciones Académicas y Profesionales

- Visitar universidades y ferias educativas.
- Leer sobre diferentes profesiones.
- Conversar con profesionales de confianza.
- Investigar carreras emergentes vinculadas con intereses personales.

3. Desarrollar Habilidades para la Toma de Decisiones

- Realizar listas de pros y contras.
- Dividir grandes decisiones en pasos pequeños.
- Trazar planes de acción a corto y mediano plazo.
- Acompañar sin resolver por ellos.

4. Prepararse para el Mundo Laboral

- Fomentar habilidades comunicativas y de liderazgo.
- Delegar tareas para desarrollar autonomía.
- Estimular la curiosidad por aprender habilidades prácticas (digitales, financieras, técnicas).

- Iniciar experiencias de trabajo temprano (pasantías, empleos de medio tiempo).

Acompañar sin Imponer

Guiar no es decidir por ellos. Es brindarles herramientas para que construyan su camino con autonomía. Nuestra labor es confiar, alentar y mostrarles que siempre pueden corregir el rumbo si lo necesitan.

Más que presionarlos por un camino específico, ayúdales a descubrir su propio propósito y a construir su mejor versión.

PREGUNTAS FRECUENTES

¿Cómo puedo ayudar a mi hijo a descubrir qué quiere estudiar?
Fomenta la exploración a través de actividades, charlas y ejercicios de reflexión sobre sus intereses y talentos.

¿Qué hacer si siente presión por decidir su futuro?
Recuérdale que el camino profesional puede cambiar y que equivocarse también es parte del aprendizaje.

¿Es recomendable que trabaje mientras estudia?
Sí, si puede equilibrar bien sus responsabilidades académicas. Las experiencias laborales tempranas desarrollan responsabilidad.

¿Y si quiere elegir una carrera poco convencional?
Escúchalo sin juzgar. Investiga con él las posibilidades y proyecciones. El éxito no depende del título, sino de la pasión y dedicación.

¿Debo intervenir si creo que está tomando una mala decisión?

Acompaña con preguntas que fomenten la reflexión. Evita imponer. A veces, el aprendizaje viene de la experiencia directa.

¿Qué pasa si cambia de carrera?
Es completamente válido. El crecimiento personal también implica redireccionar caminos cuando es necesario.

RESUMEN CLAVE DEL CAPÍTULO

- La preparación para el futuro comienza con el autoconocimiento y la exploración.

- Los padres deben acompañar sin imponer, fomentando la autonomía y la toma de decisiones responsables.

- Desarrollar habilidades prácticas, emocionales y de resolución de problemas fortalece la transición a la adultez.

- El camino no es lineal. La flexibilidad y el apoyo emocional son claves para construir un proyecto de vida pleno.

"El éxito no es la clave de la felicidad. La felicidad es la clave del éxito. Si amas lo que haces, tendrás éxito." – Albert Schweitzer

Con este capítulo, finalizamos nuestro recorrido por los desafíos y oportunidades de la adolescencia. Gracias por ser parte activa de este proceso de crecimiento.

CAPÍTULO 11

Educación Financiera para Adolescentes – Construyendo un Futuro Sólido

"La educación financiera no se trata de cuánto dinero ganas, sino de cómo lo administras, inviertes y usas para construir la vida que deseas." – Robert Kiyosaki

En la vida adulta, el dinero es una de las herramientas más importantes para alcanzar estabilidad y bienestar. Sin embargo, muchos jóvenes llegan a esta etapa sin haber aprendido conceptos básicos de finanzas personales, lo que los deja vulnerables a dificultades como el endeudamiento, la falta de ahorro o la incapacidad de gestionar sus ingresos de forma efectiva.

La adolescencia representa una etapa ideal para comenzar a desarrollar hábitos financieros saludables. En este momento, los jóvenes ya cuentan con mayor autonomía, toman sus primeras decisiones económicas y comienzan a visualizar sus metas personales. Enseñarles a manejar el dinero con inteligencia no significa enseñarles a acumularlo, sino a convertirlo en un aliado que les brinde seguridad, libertad y oportunidades.

Aprender a administrar los recursos propios es una competencia esencial para la vida adulta. No se trata únicamente de 'ganar más', sino de saber cómo utilizar el dinero para construir una vida con propósito, bienestar y responsabilidad. Una gestión financiera consciente permite tomar decisiones con mayor autonomía, evitar endeudamientos innecesarios y proyectar metas alcanzables a corto, mediano y largo plazo. Educar en finanzas no es solo hablar de números, sino de valores, prioridades y hábitos que favorecen una vida equilibrada y libre.

Desafíos Financieros que Enfrentan los Adolescentes

Muchos adolescentes tienen una percepción distorsionada o limitada del valor del dinero. Esto puede deberse a que nunca han tenido que administrarlo por sí mismos, o porque lo conciben como un recurso inagotable que siempre estará disponible gracias a sus padres.

Entre las situaciones más comunes que enfrentan se encuentran:

• Gastar en productos o servicios innecesarios sin contemplar el impacto a futuro.
• No contar con un sistema de ahorro o reserva para imprevistos.
• Ver el crédito como dinero "gratis" sin comprender sus riesgos.
• No explorar formas de generar ingresos propios, lo que fomenta una dependencia económica total de la familia.
• Carecer de metas financieras claras, lo que dificulta la motivación para administrar el dinero con responsabilidad.
• Dejarse influenciar por la presión social o las redes al momento de gastar, priorizando la apariencia sobre la estabilidad económica.

"El dinero no garantiza la felicidad, pero una buena educación financiera da libertad para tomar decisiones sin miedo ni estrés."

Este contexto revela la necesidad urgente de preparar a los adolescentes para tomar decisiones informadas y conscientes sobre su economía personal, evitando errores que podrían acompañarlos durante años.

La Importancia de Enseñar Finanzas Personales a los Adolescentes

Estudios recientes demuestran que muchos de los problemas financieros que enfrentan los adultos —como el endeudamiento crónico, la falta de planificación o la dependencia económica— se originan en hábitos adquiridos desde temprana edad.

Por esta razón, introducir la educación financiera durante la adolescencia puede marcar una diferencia decisiva entre una vida financiera estable y otra llena de dificultades. Algunas de las ventajas concretas de abordar este tema desde casa son:

- Fomentar la toma de decisiones responsables y evitar el gasto impulsivo.
- Comprender la diferencia entre necesidades reales y deseos momentáneos.
- Desarrollar disciplina y habilidades de planificación a largo plazo.
- Descubrir oportunidades de ingresos, lo que contribuye a la autonomía financiera.
- Construir seguridad económica y emocional para el futuro.

¿Por Qué la Escuela No Siempre Enseña Esto?

Aunque algunas instituciones educativas han comenzado a incluir contenidos de finanzas personales en sus planes de estudio, la realidad es que la mayoría de los adolescentes aprende sobre el dinero a través de la observación cotidiana en casa o por ensayo y error.

Esto convierte a los padres en referentes fundamentales. Nuestra responsabilidad no es solo proveer dinero, sino también formar en el uso consciente del mismo, guiándolos con estrategias prácticas y principios sólidos.

Por ejemplo, cuando un adolescente recibe dinero por su cumpleaños, por fiestas especiales o mediante una mesada, podemos aprovechar ese momento para enseñarles a dividirlo y administrarlo adecuadamente. En lugar de gastarlo todo de forma impulsiva, podemos orientarlos a asignar porcentajes para el ahorro, la inversión y los gastos personales.

¿Cómo Pueden los Adolescentes Empezar a Construir una Mentalidad Financiera Inteligente?

Toda educación financiera sólida se basa en tres principios esenciales que todo adolescente puede y debe aprender:

1. Gastar con inteligencia:
Aprender a diferenciar entre lo que se necesita y lo que se desea, evitando compras impulsivas o emocionales que pueden comprometer su presupuesto.

2. Ahorrar con propósito:
Desarrollar el hábito de reservar una parte de sus ingresos para alcanzar metas específicas, crear un fondo de emergencia o iniciar un emprendimiento.

3. Generar ingresos:
Fomentar la iniciativa personal para crear valor y obtener ingresos propios, ya sea mediante trabajos ocasionales, actividades digitales o proyectos creativos.

Reflexión clave:

"No se trata solo de cuánto dinero tienes, sino de qué tan bien lo administras."

Lo que Aprenderás en Este Capítulo

Este capítulo tiene como propósito brindar herramientas concretas a padres y adolescentes para comenzar a construir una base financiera sólida. A través de ejemplos, conceptos clave y ejercicios prácticos, abordaremos:

- **Los conceptos básicos de la educación financiera**, explicados de manera clara y adaptada a la realidad de los adolescentes.

- **El poder del ahorro y la inversión**, y cómo pueden aprovecharse desde una edad temprana.

- **Diferentes fuentes de ingresos para adolescentes**, que les permitan desarrollar autonomía económica y sentido de logro.

- **Errores financieros comunes y cómo evitarlos**, con consejos basados en experiencias reales.

- **Hábitos financieros saludables y herramientas de gestión**, como presupuestos, registro de gastos y planificación a corto y largo plazo.

"El dinero no es un fin, sino un medio para alcanzar la libertad y la estabilidad. Enseñar a nuestros hijos a manejarlo con responsabilidad es darles el mejor regalo para su futuro."

¿QUÉ ES LA EDUCACIÓN FINANCIERA Y POR QUÉ ES FUNDAMENTAL EN LA ADOLESCENCIA?

La **educación financiera** es el proceso de aprender a administrar el dinero con inteligencia y responsabilidad. Implica comprender conceptos como el ahorro, la inversión, el presupuesto, el uso del crédito y la planificación de gastos. No se trata únicamente de acumular dinero, sino de tomar decisiones económicas que contribuyan al bienestar personal y al logro de objetivos.

En la adolescencia, esta educación cobra especial importancia. Es una etapa en la que los jóvenes comienzan a tener mayor acceso al dinero y toman sus primeras decisiones financieras. Por eso, aprender desde temprano cómo funciona el dinero les da ventaja a la hora de asumir la vida adulta con autonomía.

Beneficios de la educación financiera en la adolescencia:

- **Evita errores financieros comunes en la adultez**, como el endeudamiento o la falta de planificación.
- **Fomenta la independencia y la toma de decisiones responsables.**
- **Ayuda a comprender la diferencia entre ingresos, gastos, ahorro e inversión.**
- **Promueve hábitos de consumo consciente y objetivos de largo plazo.**
- **Desarrolla habilidades que fortalecen la autoestima y la seguridad económica.**

"El dinero no garantiza la felicidad, pero una buena gestión del dinero brinda tranquilidad, opciones y libertad para elegir cómo vivir."

La Educación Financiera Como Habilidad de Vida

La educación financiera no solo tiene un impacto económico, también influye en el equilibrio emocional y la calidad de vida. Cuando un adolescente comprende cómo administrar sus recursos:

- Se siente más seguro y capaz de alcanzar sus metas.
- Evita el estrés causado por la falta de dinero o las deudas.
- Aprende a postergar la gratificación y planear a largo plazo.
- Desarrolla sentido de responsabilidad y pensamiento estratégico.

Un joven que ahorra con constancia, controla sus gastos y toma decisiones de consumo inteligente estará mejor preparado para afrontar retos como costear sus estudios, independizarse, emprender un negocio o responder a una emergencia.

Conceptos Fundamentales de la Educación Financiera

Para desarrollar una base financiera sólida, los adolescentes deben familiarizarse con ciertos conceptos clave. A continuación, presentamos cada uno de ellos con su parte teórica, ejemplos claros y propuestas prácticas.

1. Ingresos y Fuentes de Dinero

¿Qué son los ingresos?
Los ingresos son todos los recursos económicos que una persona recibe como resultado de su trabajo, inversiones, ventas o cualquier otra actividad productiva.

Tipos de ingresos:

- **Ingresos activos:** Aquellos que provienen del trabajo directo (sueldo, comisiones, propinas).

- **Ingresos pasivos:** Se obtienen sin trabajar constantemente por ellos (rentas, regalías, dividendos).
- **Ingresos variables:** No son fijos, como los de ventas por temporada o trabajos ocasionales.

2. Presupuesto y Administración del Dinero

¿Qué es un presupuesto?

Es una herramienta que permite planificar cómo se distribuirán los ingresos entre los diferentes gastos y metas financieras. Es esencial para evitar fugas de dinero y mantener el control sobre las finanzas personales.

Principios clave:

- No gastar más de lo que se gana.
- Separar los gastos en categorías: necesidades, deseos, ahorro e inversión.
- Registrar los gastos diarios para saber a dónde va el dinero.
- Revisar y ajustar el presupuesto mes a mes.

Herramientas útiles:

- Apps de control de gastos (como Fintonic, Mobills, Spendee).
- Cuadernos o plantillas digitales con registros mensuales.

3. Ahorro: La Base de la Estabilidad Financiera

¿Qué es el ahorro?

Es la parte del ingreso que se guarda en lugar de gastarse, con el fin de usarla en el futuro para necesidades, emergencias o proyectos importantes.

Tipos de ahorro:

- **Corto plazo:** Para compras próximas (ropa, libros, regalos).
- **Mediano plazo:** Para metas como viajes, tecnología o cursos.
- **Largo plazo:** Para estudios universitarios, emprendimientos, compra de vehículo, etc.

Ejercicio sugerido:
Establecer una meta de ahorro clara, una fecha objetivo y un plan semanal o mensual para alcanzarla.

4. Inversión: Hacer que el Dinero Trabaje para Ti

¿Qué es invertir?
Es usar el dinero que se ha ahorrado para generar más dinero a través del tiempo. A diferencia del ahorro, la inversión implica cierto riesgo, pero también ofrece mayores beneficios a largo plazo.

Diferencias entre ahorro e inversión:

- **Ahorro:** Seguridad, pero sin crecimiento.
- **Inversión:** Mayor riesgo, pero también posibilidad de crecimiento del capital.

Ejemplos accesibles para adolescentes:

- Fondos de inversión básicos.
- Emprendimientos personales (venta de productos, creación de contenido).

- Comprar materiales para fabricar y revender.
- Invertir en formación (cursos, talleres, idiomas, programación).

Consejo práctico:
Explicar la inversión con la metáfora de sembrar una planta: si se cuida bien, dará frutos en el futuro.

5. Crédito y Deuda: ¿Aliados o Enemigos?

¿Qué es el crédito?
Es la posibilidad de usar dinero prestado con el compromiso de devolverlo, generalmente con intereses.

Tipos de deuda:

- **Deuda buena:** Utilizada para educación, inversión o necesidades justificadas.
- **Deuda mala:** Se origina por compras impulsivas, innecesarias o mal planificadas.

Riesgos del mal uso del crédito:

- Acumular intereses altos.
- Afectar el historial financiero.
- Generar estrés y pérdida del control económico.

Ejemplo práctico:
Luis pidió prestados $100 con 20% de interés anual. Si no paga en el plazo, deberá devolver $120 o más. Si lo usó para algo innecesario, además del gasto, acumula deuda.

Enseñanza clave:
Enseñar que pedir prestado no es malo si se hace con responsabilidad y con un plan de pago.

6. Consumo Inteligente: Diferenciar entre Necesidades y Deseos

¿Por qué es importante?

El consumo emocional o impulsivo es una de las causas más comunes de desequilibrio financiero.

Diferencias clave:

- **Necesidades:** Lo esencial para vivir (alimentos, útiles escolares, transporte).
- **Deseos:** Lo que se quiere, pero no es indispensable (ropa de marca, gadgets, comidas fuera de casa).

Preguntas para un consumo consciente:

- ¿Realmente lo necesito?
- ¿Puedo pagarlo sin comprometer mis metas de ahorro?
- ¿Puedo encontrar una alternativa más económica?

Estrategias Prácticas para Desarrollar la Educación Financiera en Adolescentes

Aunque comprender la teoría es importante, la verdadera educación financiera se consolida en la práctica diaria. A continuación, presentamos **siete estrategias clave** que padres e hijos pueden aplicar juntos para construir hábitos financieros saludables y sostenibles en el tiempo.

1. Enseñar a Ahorrar de Forma Inteligente

Objetivo: Desarrollar disciplina financiera a través del hábito del ahorro.

Teoría aplicada: El ahorro es la base de la estabilidad financiera. Enseña autocontrol, previsión y planificación.

Estrategias prácticas:

- **Frascos o sobres etiquetados:** Dividir el dinero en tres partes:
    - *Gastos inmediatos (50%)*
    - *Ahorro (30%)*
    - *Inversión o metas (20%)*
- **Reto del Ahorro Progresivo:** Empezar ahorrando $1 en la primera semana, $2 en la segunda, y así sucesivamente. En 10 semanas, habrán ahorrado $55.
- **Cuenta de ahorro juvenil:** Muchas entidades bancarias ofrecen productos especiales sin comisiones. Es una oportunidad para familiarizarse con el sistema bancario desde jóvenes.

2. Introducir el Presupuesto y el Control de Gastos

Objetivo: Ayudarles a planificar el uso de su dinero y evitar fugas financieras.

Teoría aplicada: El presupuesto es una herramienta de organización y conciencia sobre cómo se gasta el dinero.

Cómo aplicarlo:

1. Registrar los ingresos (mesada, regalos, trabajos ocasionales).
2. Clasificar los gastos en necesidades y deseos.
3. Incluir un porcentaje fijo de ahorro.

4. Anotar diariamente en una libreta o app todo lo que gastan.
5. Revisar y ajustar cada mes.

Ejercicio sugerido:
Crear un cuadro mensual con las siguientes columnas: *ingreso total, gastos fijos, ahorro, inversión, saldo disponible*. Revisarlo juntos una vez por semana.

3. Motivar la Generación de Ingresos Propios

Objetivo: Fomentar el espíritu emprendedor y la responsabilidad económica.

Teoría aplicada: Los ingresos son la base de la independencia financiera. Aprender a generarlos fortalece la autoestima y el sentido del valor personal.

Opciones viables para adolescentes:

- Trabajos de medio tiempo: en tiendas, cafés o negocios familiares.
- Servicios personales: pasear perros, tutorías, edición de video, fotografía.
- Emprendimientos digitales: venta de productos en línea, blogs, redes sociales.
- Venta de productos físicos: artesanías, comida casera, artículos usados.

Ejemplo:
Nicolás crea un canal de YouTube donde enseña matemáticas a jóvenes. Con el tiempo, comienza a monetizarlo y decide usar parte de esas ganancias para invertir en equipo audiovisual.

4. Introducir el Concepto de Inversión

Objetivo: Enseñarles que no solo se trata de ahorrar, sino también de hacer que el dinero crezca.

Teoría aplicada: Invertir permite multiplicar los ingresos y construir patrimonio a futuro.

Aplicación práctica:

- Explicar la diferencia entre ahorrar (guardar) e invertir (multiplicar).
- Simular el interés compuesto con ejercicios matemáticos simples.
- Explorar juntos plataformas seguras para principiantes (con supervisión).
- Promover inversiones en educación (cursos, talleres) como la forma más rentable.

5. Enseñar el Uso Responsable del Crédito y Evitar Deudas Innecesarias

Objetivo: Prevenir errores financieros frecuentes en la adultez.

Teoría aplicada: El crédito es útil si se entiende y se usa con control. Mal administrado, puede convertirse en una trampa.

Enseñanzas clave:

- Nunca gastar más del 30% del límite de crédito.
- Pagar el total de la deuda antes de la fecha límite para evitar intereses.
- Utilizar el crédito solo si hay un plan para pagarlo.

Ejercicio práctico:
Simular un préstamo entre padre e hijo con intereses. Si el hijo pide $50 para un concierto, debe devolver $55 en dos semanas. Así comprenderá cómo funcionan los intereses.

6. Promover el Consumo Inteligente

Objetivo: Evitar las compras impulsivas o emocionales.

Teoría aplicada: Saber diferenciar entre necesidades y deseos ayuda a tomar decisiones más racionales.

Herramientas útiles:

- **Regla de las 48 horas:** Antes de comprar algo, esperar dos días. Si aún se desea, puede ser una necesidad real.
- **Lista de compras priorizadas:** Clasificar lo urgente, lo importante y lo prescindible.
- **Comparación de precios y promociones:** Incentivar la búsqueda de mejores ofertas.

7. Enseñar a Identificar y Evitar Fraudes Financieros

Objetivo: Protegerse de riesgos como estafas, phishing o esquemas piramidales.

Teoría aplicada: La educación financiera también implica saber cómo proteger el dinero y la información personal.

Cómo hacerlo:

- Hablar abiertamente sobre fraudes comunes.
- Simular correos o mensajes falsos y enseñar a identificar señales de alerta.

- Explicar que no existe el "dinero fácil" y que toda inversión tiene riesgo.

PREGUNTAS FRECUENTES SOBRE EDUCACIÓN FINANCIERA PARA ADOLESCENTES

1. ¿A qué edad es recomendable comenzar con la educación financiera?

Desde la infancia. Se puede iniciar entre los 4 y 8 años con conceptos simples como el valor del dinero o la diferencia entre deseo y necesidad. En la adolescencia, se puede avanzar hacia temas como ahorro, presupuesto, inversión y emprendimiento.

Recomendación por edad:

- 4-8 años: Ahorro en alcancía y juego simbólico.
- 9-12 años: Metas de ahorro simples y primeras compras responsables.
- 13-18 años: Presupuesto, generación de ingresos, inversión y uso de cuentas bancarias.

2. ¿Cómo enseño a mi hijo a ahorrar si quiere gastar todo lo que tiene?

Con metas claras y motivadoras. El ahorro sin propósito se percibe como castigo, pero con una meta visible se convierte en un objetivo alcanzable.

Estrategias útiles:

- Crear un "reto de ahorro" con recompensas.
- Dividir el dinero en sobres: gasto, ahorro, inversión.
- Usar una app de ahorro que le muestre su progreso.

3. ¿Qué hago si mi hijo quiere ganar su propio dinero, pero aún estudia?

Apóyalo a emprender con equilibrio. Existen muchas formas de generar ingresos sin descuidar los estudios.

Opciones compatibles con el colegio:

- Servicios freelance (diseño, tutorías, edición).
- Venta de productos digitales o manualidades.
- Trabajo en fines de semana o temporadas vacacionales.

4. ¿A qué edad conviene abrirle una cuenta bancaria?

A partir de los 13-14 años es ideal, si muestra responsabilidad. Muchas entidades ofrecen cuentas para menores con control parental.

Beneficios:

- Aprenden a usar cajeros, apps bancarias y transferencias.
- Visualizan sus gastos y ahorros.
- Comienzan a familiarizarse con conceptos como intereses o comisiones.

5. ¿Cómo le explico a mi hijo qué es una inversión?

Utiliza analogías simples. Por ejemplo:

Ahorrar es como guardar semillas, invertir es como plantarlas y cuidarlas para que den fruto.

Ejemplo sencillo:

Ahorras $100. En una cuenta sin intereses, seguirá siendo $100. Pero si lo inviertes al 8% anual, se convierte en $108. Eso es hacer crecer el dinero.

6. ¿Qué estrategias puedo usar para evitar compras impulsivas?

- La regla de las **48 horas**: esperar antes de comprar.
- Hacer una **lista de prioridades** y compararla con sus deseos.
- Establecer un límite mensual para "gastos espontáneos".

Pregunta guía: ¿Este objeto me aporta valor real o es solo una emoción del momento?

7. ¿Cómo hablo con mi hijo sobre las deudas sin asustarlo?

Usa ejemplos reales y honestos. Explícale que el crédito puede ser útil si se usa con planificación, pero peligroso si se abusa.

Sugerencia práctica:
Simula una deuda: pídele prestado $10 y págale $12 en una semana. Así entenderá cómo los intereses hacen crecer la deuda.

PRINCIPALES APRENDIZAJES DEL CAPÍTULO

- **El dinero es una herramienta**, no un objetivo. Aprender a administrarlo es clave para la libertad y el bienestar.
- **Ahorrar crea seguridad.** Fomentar este hábito desde la adolescencia fortalece la autodisciplina.
- **Presupuestar es esencial.** Planificar ingresos y egresos evita fugas financieras.
- **Invertir es hacer crecer el dinero.** Introducir el concepto desde temprano permite pensar en el largo plazo.
- **El crédito debe usarse con inteligencia.** No es un enemigo, pero mal usado puede convertirse en una carga.

- **El consumo responsable se aprende.** Diferenciar entre deseos y necesidades es vital en una cultura impulsiva.

- **Generar ingresos propios empodera.** Desde pequeños negocios hasta trabajos ocasionales, esto promueve la autonomía.

- **Protegerse de fraudes también es educación financiera.** La prevención forma parte de la formación.

"El dinero no garantiza la felicidad, pero una buena educación financiera da la libertad de elegir el estilo de vida que se desea."

CAPÍTULO 12 · Conclusión
Un Viaje de Crecimiento y Conexión

> *"No prepares el camino para el niño, prepara al niño para el camino." – Autor desconocido*

La adolescencia no es solo una etapa de transformación para los hijos. También lo es para nosotros como padres. Es una travesía compartida, en la que aprendemos a dejar de ser los guías exclusivos para convertirnos en acompañantes conscientes, presentes y amorosos.

A lo largo de este libro, hemos recorrido juntos los grandes paisajes de esta etapa: la búsqueda de identidad, el despertar emocional, los retos con la tecnología, la educación financiera, los vínculos, los hábitos, los valores y la preparación para el futuro. Cada capítulo ha sido una invitación no a "controlar" a nuestros hijos, sino a comprenderlos mejor, a confiar más y a acompañar con propósito.

Porque criar no es moldear desde afuera, sino sostener desde adentro. Es permitirles convertirse en quienes son, mientras les ofrecemos un suelo firme para crecer y un horizonte hacia el cual avanzar.

Claves para una Crianza Efectiva en la Adolescencia

En este camino, hay cinco principios fundamentales que pueden servir como brújula para las madres y padres que buscan construir vínculos sólidos y duraderos con sus hijos adolescentes:

- **Comunicación abierta y empática:** Escuchar sin juzgar. Validar emociones. Estar disponibles sin invadir.

- **Independencia con responsabilidad:** Dejar que elijan, se equivoquen, corrijan y aprendan. Cada decisión trae consigo una lección.

- **Límites con respeto:** No se trata de controlar, sino de marcar el marco de seguridad desde el amor.

- **Bienestar emocional como prioridad:** Mostrar que pedir ayuda no es debilidad, sino madurez. Estar atentos a su salud mental.

- **Modelar valores con el ejemplo:** Lo que hacemos tiene más impacto que lo que decimos. La coherencia inspira más que cualquier sermón.

El Rol de los Padres en el Éxito de sus Hijos

El verdadero éxito no se mide en calificaciones, premios o ingresos. Se mide en **capacidad de amar, de sostener vínculos sanos, de tener criterio, propósito y resiliencia**.

Como padres, podemos convertirnos en:

- **Refugio seguro:** Donde puedan descansar del ruido del mundo y sentirse aceptados tal como son.

- **Faros de referencia:** Que no indican el camino exacto, pero iluminan opciones para elegir.

- **Compañeros de ruta:** Que caminan al lado, no delante ni detrás, respetando los tiempos de crecimiento de cada adolescente.

Criar con presencia consciente no significa hacerlo perfecto, sino hacerlo con intención. El error es parte del vínculo, y el perdón también.

Gratitud y Motivación para el Futuro

Llegar hasta aquí significa algo muy valioso: **elegiste acompañar de manera diferente**. Elegiste mirar con nuevos ojos, cuestionarte con humildad, y actuar con conciencia. Y eso ya es un acto de amor profundo hacia tu hijo o hija.

La adolescencia no es una batalla que librar, sino una relación que construir. Cada día, aunque desafiante, es una oportunidad para acercarse, para confiar un poco más, para aprender mutuamente.

"Criar a un adolescente no es prepararlo para un camino sin obstáculos, sino enseñarle a caminar con confianza en cualquier terreno." – Autor desconocido

Gracias por haber recorrido este viaje de aprendizaje, de ternura y de valentía.
Gracias por estar dispuesta(o) a acompañar de forma más presente, más auténtica y más humana.
Gracias por elegir **ver** al adolescente que tienes frente a ti, más allá de los miedos, más allá de los roles.

Este Libro No es un Punto Final...

Es una puerta abierta.
Una invitación a seguir aprendiendo, creciendo y acompañando.

Si llegaste hasta aquí, diste un paso valiente. Este libro fue solo el inicio. Lo importante ahora es **poner en práctica, confiar en tu intuición** y, sobre todo, **seguir conectando desde el amor.**

EPÍLOGO
Sigamos Caminando Juntos

"El conocimiento es una semilla. La práctica, el agua que la convierte en árbol."

Has llegado al final de este recorrido, pero el verdadero viaje recién comienza. Este libro fue creado para ayudarte a comprender mejor la etapa adolescente y brindarte herramientas para acompañarla con amor, claridad y confianza. Sin embargo, sabemos que leer no siempre basta. Para sembrar lo aprendido, necesitamos llevarlo a la vida cotidiana, ponerlo en práctica, equivocarnos, volver a intentar... y seguir aprendiendo.

Del Entendimiento a la Acción: El Poder de Practicar

Para eso, hemos diseñado el **Workbook "Hackea la Adolescencia"**, un cuaderno de ejercicios pensado para complementar este libro y ayudarte a **pasar del entendimiento a la acción**. Es una guía vivencial que te permite:

- Traducir los conceptos del libro en reflexiones personales.
- Aplicar estrategias concretas en tu día a día como madre, padre o cuidador.
- Fortalecer la conexión con tu adolescente a través de dinámicas prácticas.
- Hacer pausas, revisar tus emociones, celebrar avances y replantear desafíos.

¿Qué Encontrarás en el Workbook?

- **Espacios de autoexploración:** preguntas clave para que identifiques tus fortalezas, temores y estilo de crianza.

- **Ejercicios para aplicar con tu hijo/a adolescente:** actividades para fomentar el diálogo, la confianza y la colaboración.

- **Retos prácticos:** pequeñas misiones semanales que te impulsarán a experimentar nuevas formas de acompañar.

- **Seguimiento de hábitos y emociones:** recursos visuales para registrar tu evolución y la de tu hijo/a.

- **Frases motivadoras y recordatorios de autocuidado**, porque tú también necesitas contención.

Una Invitación a Seguir Construyendo

No necesitas ser perfecto, solo necesitas estar presente. El workbook no es un examen, es un espacio seguro donde puedes **pensar en voz baja, ensayar, tachar, reescribir** y dejar registro de tu propio proceso de crecimiento.

Te invitamos a usarlo a tu ritmo, solo o en pareja, como guía o como bitácora emocional. Vuelve a él cada vez que sientas que lo necesitas. Es tu aliado, tu espejo y tu recordatorio de que **lo estás haciendo bien**.

Porque la adolescencia no solo transforma a nuestros hijos... también nos transforma a nosotros.

Gracias por permitirte este espacio. Gracias por elegir crecer junto a quienes amas.

Y ahora, ¡a hackear la adolescencia también desde la práctica!

BIBLIOGRAFÍA Y RECURSOS INSPIRADORES

Este libro fue construido sobre la base de voces sabias, estudios sólidos y experiencias compartidas que han nutrido nuestra comprensión de la adolescencia:

- Daniel J. Siegel – *El cerebro del adolescente*
- Brené Brown – *Los dones de la imperfección*
- James Clear – *Hábitos Atómicos*
- Charles Duhigg – *El Poder de los Hábitos*
- Jean Piaget – *Teoría del constructivismo*
- David Kolb – *Modelo de aprendizaje experiencial*
- John Bowlby – *Teoría del apego*
- Albert Bandura – *Teoría del aprendizaje social*

Y también hemos integrado las realidades del mundo digital actual: Plataformas como YouTube, TikTok, Instagram, Minecraft, Canva, Coursera y Khan Academy han sido clave para comprender el entorno de aprendizaje y socialización de nuestros adolescentes.

Gracias por ser parte de este camino.
Gracias por elegir crecer, para que ellos también puedan hacerlo.
Gracias por acompañar con amor.

¡Éxito en esta hermosa aventura de ser madres y padres conscientes!

BONUS

Descarga tu REGALO EMOCIONAL gratuito

"El Ritual del Vínculo: 7 días para reconectar con tu hijo/a adolescente"

Un espacio guiado para volver a mirar, preguntar y estar. Pequeños actos cotidianos que abren grandes puentes emocionales.
Reflexiones, gestos y visualizaciones para acompañar con menos juicio y más presencia.

Escanea este código QR para obtenerlo:

Únete a la **COMUNIDAD EMOCIONAL** en WhatsApp

Si sentiste que este libro te hablaba directo al corazón, imagina lo que podemos compartir juntos en un espacio vivo, privado y humano.

En esta comunidad podrás:

- Compartir dudas, logros y emociones

- Recibir frases ancla, retos semanales y acompañamiento emocional

- Acceder a encuentros, lives y propuestas futuras

INVÍTAME a tu comunidad

Doy charlas, talleres y acompañamientos para madres, padres, docentes y equipos educativos. Si deseas llevar este mensaje a tu escuela, grupo o comunidad:

Escribe a: **soyheiddy@gmail.com**

"Acompañar no es tener todas las respuestas.
Es hacer del vínculo un lugar donde no se exige ser fuerte para ser querido."

Gracias por confiar en este espacio. El vínculo no termina aquí.

Heiddy Toledo
Autora de *Hackea la Adolescencia*

www.ingramcontent.com/pod-product-compliance
Lightning Source LLC
Chambersburg PA
CBHW060513030426
42337CB00015B/1874